点亮艺术之眼

——伟大的博物馆

伟大的博物馆

佛罗伦萨
圣母百花大教堂博物馆

Museo dell'Opera di Santa Maria del Fiore

［意大利］蒂莫西·弗登　编著
郑　昕　译

译林出版社

VOX CLAM
ĀTIS ĪDESE
RTO PARA
TE VIĀ D
ÑĪ RECT
AS FACI
TE SEM

目 录

前　言

圣母百花大教堂博物馆，位于圣母百花大教堂的背面，曾为教堂的管理委员会所在地，于1891年正式落成，主要用于收藏来自古老的圣雷帕拉塔教堂、当今的大教堂、圣洗堂及乔托钟楼的雕刻作品。

能够耐心了解这座博物馆的人，都会惊讶地发现这里其实收藏着一些在意大利雕刻史上具有里程碑式意义的作品，从阿诺尔福·迪坎比奥的博尼法乔八世雕像，到安德烈亚·皮萨诺的六边形浮雕，再到多那太罗和卢卡·德拉·罗比亚著名的《唱诗班唱台》。然而最有名气的还当数米开朗琪罗那令人动容的《哀悼基督》。我们希望通过介绍这件规模宏大的作品向读者传达一个讯息，即这座博物馆里的藏品精彩纷呈。

米开朗琪罗的一生都与《哀悼基督》的创作紧密相连。年轻的时候他创作了第一件《哀悼基督》，收藏于梵蒂冈。第二件《哀悼基督》便是这里提到的这件作品了，此时的米开朗琪罗已经步入晚年。而第三件则是他未完成的遗作《龙达尼尼的哀悼基督》，收藏在米兰的斯福尔扎城堡中。米开朗琪罗以接近90岁的高龄一直工作到生命的最后几个小时。

阿斯卡尼奥·孔蒂维在1553年出版的首部米开朗琪罗传记中描写道：米开朗琪罗满腔热情地投入到我们习惯称之为“哀悼基督”的创作中。但其实如果仔细观察的话，这并不是一件真正的《哀悼基督》。玛利亚·玛达莱娜和尼科代莫出现在圣母玛利亚和耶稣身旁，明确地表明这件大理石作品表现的其实是把耶稣从十字架上放下的场景。更往前一点的资料也有相关的记载：“他在家里雕凿四个大理石人像，其中有一个是从十字架上被放下来的耶稣。”（瓦萨里，1550年）

这件新创作的雕刻作品是谁委托的呢？其实并非受人所托，而是年迈的米开朗琪罗为自己的坟墓设计的雕像。孔蒂维在传记中如此记录，瓦萨里也确认了这一事实，他还透露戴着风帽的尼科代莫的面容就是以米开朗琪罗自己为原型的。由于是给自己的作品，所以米开朗琪罗从容地进行着这项工作，使用的是带有瑕疵的大理石。但他的仆人乌尔比诺总是在他身边催促他尽快完成作品。终于有一天米开朗琪罗被激怒了，他失去了耐心，拿起锤子砸向雕像，留下了更多的瑕疵。

这件残破不堪又尚未完成的作品，被赠送给了弗朗切斯科·班迪尼。他又立即找到米开朗琪罗的朋友且同样是雕刻家的蒂贝里奥·卡尔卡尼，请他帮忙对这件作品进行修缮。卡尔卡尼大胆地进行加工，修补破损的地方，并完成了米开朗琪罗只凿出毛坯的玛达莱娜雕像。

米开朗琪罗和“修复者”卡尔卡尼去世后，这件雕刻作品被班迪尼家族收藏在罗马的卡瓦洛山丘别墅里，离奎利那雷山只有几步之遥。瓦萨里曾建议把这件作品放回位于佛罗伦萨圣十字大教堂的米开朗琪罗陵墓中，但没有人支持他。一直到 17 世纪中期，在托斯卡纳大公科西莫三世和保罗·法尔科涅里的关照下，这件《哀悼基督》来到了佛罗伦萨，被放置在圣老楞佐大殿的地下室，等着将来与米开朗琪罗的其他杰作一起，收藏到新圣器收藏室中。

然而计划有变，1721 年大公决定把这件作品放到大教堂中，摆在唱诗班的背后。1933 年它又被迁移到北边教堂的一个礼拜堂里。1980 年恰逢美第奇家族藏品展，这件《哀悼基督》在桥边的圣斯特凡诺教堂展出。展览结束后，作品并没有回到大教堂中去，而是来到大教堂的博物馆中。几十年来，参观者在这里细细观察这件作品的外观与造型，试图找到当年发怒的米开朗琪罗用力锤下的痕迹。

马可·卡尔米纳蒂

佛罗伦萨圣母百花大教堂博物馆

许多人的作品，以你——菲利波——为首的，还有我们亲爱的雕刻家朋友多那太罗，还有南乔、卢卡和马萨乔，你们的每一件杰作一点儿也不比那些古老、著名的艺术品逊色。

——莱昂·巴蒂斯塔·阿尔伯蒂，《论绘画》序言

写于佛罗伦萨，1435 至 1436 年

圣母百花大教堂博物馆位于圣母百花大教堂后殿背面，于 1891 年 5 月向公众开放，从此长达 70 年的争议与分歧终于画上了句号。

故事要从 1822 年说起，当时的教堂负责人乔万尼·德利·亚历山德里伯爵决定将教堂的 37 件雕刻作品转让给乌菲齐画廊。这些雕刻作品，包括布鲁内莱斯基和吉贝尔蒂为圣洗堂大门设计的方形浮雕，卢卡·德拉·罗比亚和多那太罗为大教堂创作的《唱诗班唱台》，这些都是文艺复兴早期的杰出代表作。这位伯爵之所以做出这个决定，原因竟然是他认为他所管理的教堂委员会没有能力保护这批作品的完整性和文化传承性。早在 16 世纪，乔尔乔·瓦萨里就对教堂粗心大意的管理十分不满，他认为他们丢失了布鲁内莱斯基的鼓形柱外部眺台设计图。从 17 世纪到 19 世纪初，教堂的财产管理一直处于混乱状态：1677 年，奇内利记载，在米开朗琪罗的《圣马太》雕像（以前曾为圣母百花大教堂博物馆的财产，现收藏于佛罗伦萨学院美术馆）旁边有一块古罗马时期的里程碑，是在蒙特普齐亚诺小城的卡西亚大街上被发现的；1687 年，斐迪南·德尔米廖雷指出在博物馆第一个院落“墙上挂有某种大型动物的史前化石”，照其描述应当为“一条鲸鱼”。毫无疑问，这些物品都混乱地堆积在一起，连吉贝尔蒂和菲利波·布鲁内莱斯基设计的浮雕也不例外，而唱诗班唱台的装饰部分起初被存放在大教堂的制蜡房里，后来又被移到教堂管理委员会的房间里。这样看来，亚历山德里伯爵迫切希望把这些物品都转移到一个更合适的地方倒也合乎情理，尽管这件事情后来变得扑朔迷离，因为接收作品的乌菲齐皇家雕像博物馆负责人竟然也是这位乔万尼·德

利·亚历山德里伯爵。

1867 年，乌菲齐皇家博物馆中的一部分藏品被转移到古老的佛罗伦萨行政楼“巴杰罗”，这里后来成为佛罗伦萨中世纪与文艺复兴雕刻展览馆。十多年之后，展览馆考虑将《唱诗班唱台》永久地固定起来，教堂委员会终于不再沉默，他们向佛罗伦萨画廊与博物馆组织负责人申请重新将《唱诗班唱台》的所有权要回。这份写于 1883 年 5 月 22 日的申请，并没有直接得到官方回复，而是等到一年半后，1885 年 1 月 23 日，佛罗伦萨的一家日报《国家》发表了一篇文章，从这篇文章中教堂委员会的委员们得知画廊负责人卡洛·吉诺里侯爵曾催促美术与古迹技术委员会在即将成立的巴杰罗美术馆的大厅里建造用于永久安置《唱诗班唱台》的装备。两天后，教堂委员会向吉诺里侯爵致函，重申他们对《唱诗班唱台》的所有权，并要求他尽快回复 1883 年的信件。很快，几天后，即 1885 年 1 月 29 日，教堂委员会便收到了官方的回信，其语气含混不清，委员会十分不满。他们召开了紧急大会，再次致函，但很快又收到拒绝的答复。在这种情况下，教堂委员会表示他们有意在教堂拥有所有权的地方修建一个足以与《唱诗班唱台》及其他艺术作品相配的博物馆。1885 年 7 月 13 日，公共教育部要求委员会递交博物馆设计图。9 个月后，即 1886 年 4 月，美术常委会决定向公共教育部提出归还《唱诗班唱台》与通过新博物馆方案的请求，条件是博物馆将对公众开放。1886 年 9 月 29 日，公共教育部同意了教堂委员会有关博物馆动工的请求。与博物馆一同诞生的还有由埃米利奥·德法布里斯设计的新哥特式教堂立面，它于 1886 年最终完成，1887 年 5 月举行了立面落成仪式。博物馆是由德法布里斯与路易吉·德尔·莫罗共同设计的，落成典礼于 1891 年 5 月 3 日举行，一些尊贵的来宾出席了典礼，其中包括奥斯塔公爵和圭多·卡罗奇骑士，后者是皇家美术专员督察，曾在最初试图阻止博物馆的修建。

为了迎接“尊贵来宾们”，让他们留下深刻的印象，委员会将原本放在大教堂正门上方的阿诺尔福·迪坎比奥宏伟的《玻璃眼睛的圣母》安放在博物馆入口的正前方，而这正是博物馆起初的布局。沿着新布鲁内莱斯基风格的大阶梯往上走，参观者可看到许多来自旧教堂立面的雕刻作品，以及班迪内利创作的唱诗班栏杆。在大阶梯尽头的大厅里，参观者还能够凝视两件彼此相对的唱诗班唱台雕刻，它们曾位于大教堂两个圣器收藏室的大门上方，同样也是彼此相对，引人注目。除此之外，在这个大厅中，还有银色祭坛以及由安东尼奥·波拉伊奥罗设计的挂毯，为制作佛罗伦萨保护神圣施洗约翰而特制的华服。穿过大厅东北角的小门进入另一个大厅，当年展览着一些设计图稿与画作，来自为刚刚落成的新哥特式教堂立面设计而举办的创作比赛，如今摆放的则是前面提到的

C. 吉利奥，圣母百花大教堂内部（局部），1825 年。

银色祭坛及挂毯。博物馆的核心展览布局在 20 世纪处于不断变化和发展中。1937 年，阿诺尔福的《玻璃眼睛的圣母》与其他来自旧教堂立面的雕刻作品一起，被重新转移到一个由庭院改造而来的“立面大厅”中。1931 年，来自钟楼的 14 世纪的浮雕被转移到博物馆二楼的新大厅里；到了 1948 年，钟楼的其他雕刻作品也全部被搬到博物馆中，其中安德烈亚·皮萨诺、多那太罗及其他人的雕像被搬到著名的“唱诗台大厅”中。这样原来从 1891 年起就在这个大厅中摆设的祭礼用品——当时是由于要展览新哥特式教堂立面设计图而被迁移至此的——必须被搬到别的陈列厅去，而 19 世纪的草图与画作就只能回收到储藏室里去了。1954 年经大教堂教士会的同意，博物馆一层的礼拜

将军皮耶罗·法尔内塞的石棺，创作于 14 世纪后半叶，由古罗马石棺改造而成。位于旧立面大厅，棺盖放置在地上。

堂又被用于展览大教堂与圣洗堂最珍贵的圣物。1981 年米开朗琪罗的《哀悼基督》被从大教堂迁移至博物馆，摆放在一层路易吉·德尔摩洛的大阶梯平台上。

这持续了近一个世纪的混乱变动给博物馆也给许多古老藏品带来了负面影响，由于每一次的摆设思路都不同，因此这些展品无法体现出最初设计者想要达到的效果。此外，为了更好地保存作品，20 世纪 80 年代时圣洗堂“天堂之门”的不少物品也被搬至此。博物馆的扩建需要，以及亟须解决的参观性问题，使得以安娜·米特拉诺为主席的博物馆理事会决定着手进行重大的改造计划。

第一个计划是从 1997 年至 2000 年对博物馆内部进行扩建，在天主教“禧年”即将到来时完工。建筑师路易吉·赞盖里与大卫·帕尔提勒将原来的办公区域改造成展览区，为庭院加盖了玻璃屋顶，对馆内的各项基础设施进行更新换代，并且更改了部分藏品的收藏位置。

具有举足轻重地位的第二个计划目前正在实施中。与博物馆相邻的前勇士剧院占地面积为博物馆的两倍多，1998 年委员会将其购买下来，并入博物馆。现在合并后的两个场地正在统一进行藏品的展陈设计，希望按年代顺序及主题来布置展品，比如把与圣洗堂、大教堂、钟楼相关的作品摆放在同一个区域。

这个扩建工程被交给了建筑师阿道夫·纳塔利尼及他的助手皮耶罗·圭恰迪尼和马尔科·马尼。完工后，这将为博物馆的历史翻开新的一页。所有藏品将首次得以全部对外展览，而博物馆也为未来那些需要收藏至馆中的作品预留了空间，比如圣洗堂的另外两扇门及其雕塑群。更重要的是，由于空间的扩大，整个展览能够以合理的布局来进行，这在以前的旧博物馆中是无法实现的。

为了长远发展，博物馆要求纳塔利尼、圭恰迪尼和马尼从整体着眼设计新的展区，以展现出作品的变迁及博物馆几个世纪以来的发展。整体性将体现在两栋建筑的建筑结构上，尽管由于历史因素，建筑风格可能会有差异，但是二者必须构成一个和谐一致的空间。

在规划展览主题时，“区分性”是十分重要的原则。事实上他们将博物馆的收藏分成了两大类，一类为建筑物外部的作品，另一类为室内装饰品；并且避免像现在这样，展览两类作品的大厅相互交错，甚至两类作品出现在同一个展厅中（如现在的唱诗台大厅同时还展览有来自钟楼外部的雕像）。与其他展品多样、来源广泛的博物馆不同的是，大教堂博物馆坚持只收藏与大教堂相关的作品，主题分类清晰明了，与作品相关的来源地及宗教用途与大教堂博物馆紧密相关。这样便使得展品的收藏标准不仅仅是时间与形式，而且还与创作背景和环境相关。展品布局尽可能地体现出作品最原始的特点，并适当地突出该类作品的完整性，比如将用于唱诗学校的袖珍书放在唱诗台大厅中。

方形大理石嵌板，圣洗用具，具体出处已无从考证。创作于 13 世纪前半叶，后来被重新加工后成为圣体龛。这里可以看到在 15 世纪加上的铜制小门背面。

前勇士剧院的开阔空间使得展览大型室外雕刻作品成为可能，从广场上便可抬头望见。比如阿诺尔福未完成的《阶梯上的立面》，可以按照贝尔纳迪诺·波切蒂的画稿将其雕刻作品摆放成原来的布局。

同样地，用于展览室内装饰品的博物馆旧址也将重拾大教堂内部的色彩布局。毕竟，像白色大理石唱诗台这样的作品，需要的不是一个现代博物馆，而是一个拥有熟石灰墙壁与沙色岩石的大教

同一个嵌板的反面，15世纪时被改造成圣体龛。

堂内部般的展览空间。展厅的照明也应当区别于博物馆外部的自然光。至于布局，之前已经提到，并非严格按照展品种类如雕刻、绘画、圣器、装饰等分类，而是按原先的宗教用途将所有种类灵活组合，相互映衬。根据这个思路，唱诗台大厅中将陈设一些画作、一张旧木制乐谱架、一些微型画和合唱谱，以及部分礼拜仪式的装饰品。而在金色背景大厅中将至少摆放一扇祭台装饰屏，以突出宗教仪式与画像之间的联系。

菲利波·布鲁内莱斯基工作坊的工具，1418 年至 1436 年用于建造大教堂圆顶。

菲利波·布鲁内莱斯基
葬礼面具，1446 年。

之所以提前把新博物馆的亮点透露出来，是因为了解新博物馆的布局思路对当前的参观会有所帮助。目前这些从圣洗堂、钟楼及大教堂来的作品尽管是按照典型的时间顺序布置的，但依然展示了它们在当地宗教生活中的关系与功能，而这些关系与功能正是最初教区以极大的毅力将它们建成并保存下来的原因。本书接下来的内容，不仅仅是罗列一些数据，更重要的是希望能带领读者在这伟大的博物馆历史进程中——从 11 世纪圣洗堂的建成，再到钟楼、大教堂的建成——细细体味与感受。拥有悠久历史的博物馆，在千年之后的今天，依然散发着无尽的魅力。

佛罗伦萨圣母百花大教堂博物馆　主要馆藏

阿诺尔福·迪坎比奥

《怀抱圣婴的圣母与圣雷帕拉塔和圣扎诺比》1296—1310

大理石
圣母　高 173cm
圣雷帕拉塔　高 142cm
圣扎诺比　高 156cm

这组雕塑群曾位于佛罗伦萨新教堂立面中间大门上方的弦月窗上，展现的是老教堂的守护神圣雷帕拉塔、公元 5 世纪的佛罗伦萨主教圣扎诺比与新教堂的新守护神玛利亚。在罗马工作过 20 年的阿诺尔福，选择将人物塑造成既古典庄重又不失生机与活力的风格。一方面可以看到圣母玛利亚形似罗马神话中的朱诺女神，圣婴貌似古罗马元老院议员；另一方面又可看到圣母那双用玻璃熔浆做成的眼睛在阳光下闪烁着智慧与人道主义的光芒。阿诺尔福之所以这样设计，是因为这个新教堂是献给“鲜花圣母”的，并且人们也希望拥有一尊用大理石雕刻而成的塑像。对圣母的崇拜在中世纪晚期广泛流行于欧洲，人们将注意力放在圣母身上。圣母由此象征了一种新的价值和精神，重新激发起人们对人体的兴趣，成为一种表达思想与感情的媒介。这尊以古希腊－古罗马雕刻为模板的雕像造型独特、立体，表达了一种早期的人文敏感性，而这也是同时期的另一位佛罗伦萨艺术家乔托在雕刻方面所极力追求的。

圣婴耶稣身穿外袍，右手做出赐福的手势，左手执一书卷，表明耶稣即“上帝的福音”，是上帝赐予的肉身。

粉色大理石，镶嵌有玻璃装饰
160 cm × 110 cm

阿诺尔福·迪坎比奥

《圣母与圣婴背后的尖顶弦月窗》1296—1310

阿诺尔福为未完成的圣母百花大教堂立面所创作的雕像陈设在闪闪发亮的彩色背景上，这些背景是这个中世纪立面所残存下来的。带有镶嵌装饰的彩色大理石，原型来自同时期罗马十分著名的几何图形的马赛克作品，与稍晚时期钟楼上更加精美的“硬石”镶嵌一样，表现了那个时代的财富与艺术家高超的手艺。这个奢华的装饰正对着简朴无华的圣洗堂，显得

更加壮丽、耀眼，激起了市民心中的自豪感。1300年的资料记载：“看到阿诺尔福为尚未动工的大教堂所创作的华丽开端，佛罗伦萨市政厅与市民们强烈要求建造一座托斯卡纳地区最美丽、最独特的教堂。”后来，当大公爵时期未完成的立面被拆除时，尽管已过了将近3个世纪，佛罗伦萨人民对大教堂彩色立面的热情也没有减弱分毫。只是令人心碎的是，1587年1月22日（来自同一资料），为了区区225枚金币，已臻完好的大理石被完全毁坏，最后竟连一块完整的石头也找不到。

阿诺尔福设计的立面满是大理石与丰富的镶嵌装饰，在夕阳的照耀下光影跃动，壮丽非凡。

贝尔纳迪诺·波切蒂

《旧教堂立面画稿》1587

铅笔、钢笔与棕褐色水彩
粘贴在画布上的纸张
101 cm × 58 cm

1587 年在拆除阿诺尔福设计的立面前，贝尔纳迪诺·波切蒂或其工作坊画下了一张详细的画稿，为旧立面“留影存照”。这张画稿极其珍贵，可以说是意大利建筑史上独一无二的资料记录，也是 19 世纪新哥特式立面的设计者埃米利奥·德法布里斯的灵感来源，同时还为建筑师阿道夫·纳塔利尼在新博物馆阶梯上重现当时的立面提供了依据。从历史的角度看，这张画稿表明了阿诺尔福及其 14 世纪的继任者们意在用雕像将整个立面都覆盖起来——这是当时刚从法国传来不久的一种教堂样式，他们想让圣母百花大教堂成为意大利教堂的典范。另外，这个教堂宏伟壮观的立面还有一个“任务”，即令风头正盛的锡耶纳大教堂在它面前黯然失色。因为在阿诺尔福接手这项工程时，托斯卡纳的这两个城邦正处于激烈的敌对状态中。画稿中整个人物场景的设计都集中在圣母玛利亚身上，圣人、教皇与主教的形象被融于其中。对于作为 14 世纪“教皇派”之一的佛罗伦萨来说，这个主题显然是“政治正确”的。

阿诺尔福·迪坎比奥

《圣母诞下耶稣》1296—1310

大理石

65 cm × 180 cm

玛利亚迷惘地望向她的新生儿，身体姿势扭曲。若干年后在乔托的画中再次出现这种姿势。

教堂立面上的两个侧门上方摆放着两座高浮雕雕像，与中间的圣座上的圣像一起构成了一个故事场景。从本页上图中可以看到年轻的母亲分娩后正温柔地看着她的孩子（婴儿的雕像已遗失）。侧面两个场景流露出来的人文气息与中间场景的庄严肃穆相互映衬，烘托出了方济各会所推崇的关怀精神。在托斯卡纳，方济各会的布道深受欢迎。阿诺尔福·迪坎比奥从 1298 年起，也参与了佛罗伦萨为方济各会信徒们所建的宏伟工程——圣十字大教堂的修建，而该教堂的绘画装饰则交给了乔托及他的弟子们。事实上，阿诺尔福的整组雕刻与同时期的绘画有着明显的相似之处，比如 1290 年阿西西圣弗朗西斯科上层大教堂中的壁画，还有 1303 到 1305 年乔托在斯克罗维尼小教堂中创作的《耶稣诞生》。在后者这幅画作中，乔托似乎是从《圣母诞下耶稣》这件雕刻作品的人物姿势里获得了灵感。作品中的圣母由于受孕而疲惫乏力，分娩后虚弱不堪，艰难地望向身边的婴儿。当时的佛罗伦萨在大型雕刻领域并不领先，阿诺尔福的人物雕像对同时代的人产生了重要的影响，乔托及后来的画家创作呈现立体化艺术风格即受此影响。这种立体化的艺术风格，将成为佛罗伦萨绘画的象征。

石膏
40 cm × 140 cm

《阿诺尔福·迪坎比奥〈安息的圣母〉》(复制品) 19 世纪

十字架上的基督将他喜爱的使徒圣约翰托付给了玛利亚，又将玛利亚托付给了圣约翰。在这件作品中，圣约翰正在安葬基督托付给他的玛利亚。

19 世纪，这件作品的原作被迁移到柏林，于是艺术家们创作了这件复制品。它虽在二战时期的炮火中被严重损坏，但如今是唯一能够重现当年旧教堂立面雕刻群的实物。

“安息的圣母”这个主题并不属于《福音书》中的内容，而是来自基督教 – 犹太教的经外书，起源于公元 2 世纪，于 4 到 5 世纪在大教堂中广为传播。这个场景中，圣母永远地“沉睡”了，在这最后一刻，使徒们作为耶稣最亲密的跟随者从遥远的地方赶来，为她祈祷，像圣灵降临那天一样又一次围绕在圣母的身边。阿诺尔福强调了圣约翰的特殊地位，因为十字架上的基督将圣母托付给了圣约翰，告诉圣约翰这就是圣约翰的母亲，于是圣约翰从那时起便将圣母收留在家中（《约翰福音》19：27）。这座雕塑位于南门上方的弦月窗上，与北门上方圣母望向新生儿的雕塑形成对比，当我们看向“新生儿”时便可看到圣约翰正在安葬耶稣托付给他的“母亲”。圣约翰头发上镀金的细节，无论是原作还是复制品都具有，表现出这些场景“真实化”的处理手法。

阿诺尔福·迪坎比奥及其工作坊

《动物》1296—1310

大理石

60 cm × 104 cm

在大教堂立面北门弦月窗上的《圣母诞下耶稣》后方，阿诺尔福设计了这幅杰出的浮雕石板，描绘的是得知救世主诞生这一消息的牧羊人的羊群。阿诺尔福之前在罗马时也曾设计过一件类似的圆浮雕作品《耶稣诞生的马棚》，收藏在罗马圣母大教堂中。这个主题的表现手法具有明显的自然主义色彩，在日后的宗教题材中成为主流。这两件浮雕展现的马棚，可以说是从方济各会开始传承下来的传统。1223 年圣诞节，方济各会在格雷乔请人制作了一个马厩，铺上干草，并赶来一头牛和一头驴。这样做的目的是重新唤起人们对上帝化为肉身的虔诚之心，而这也深刻影响了 13 世纪后半叶意大利艺术的发展。“我想要展现圣婴在伯利恒出生的场景”，在托马索·切拉诺的《生平传记 I》中方济各会曾这么说道，“尽可能地让人们能亲眼看到这个新生儿刚出生时的环境是多么恶劣，所有的必需品都没有，只能被安放在马槽中，躺在干草上，与牛和驴共处一室”。但他设计的这个场景与风格，其实是让人们“亲眼”看到了基督出生时这个世界的谦逊与美好。

阿诺尔福·迪坎比奥及其工作坊

《基督与玛利亚灵魂的头像》1296—1310

大理石

高 30cm

按照传统，在《安息的圣母》后应该展现故事接下来的场景，因此我们在旧教堂立面南门的三角面那里应该会看到，圣母遗体的上方，成年的耶稣正在天国中紧紧拥抱着以一个婴儿形象出现的母亲的灵魂。本页的这两个大理石头像，在19世纪时曾一度被认为是“圣克里斯托福罗与圣婴”，实际上表现的是母亲在天国中重生后在自己儿子的怀抱里歇息的一幕。这与传统地表现圣母怀抱圣子的场景正好相反，令人动容。加多·加迪设计的马赛克位于大教堂内部，如今依然可以看到，那是对教堂立面雕刻群的一个补充，创作时间与阿诺尔福的雕刻作品相同，也属于整个雕刻项目的一部分。它展现了玛利亚生命最辉煌的时刻——在天国中圣子亲手为她加冕。这件马赛克作品位于教堂立面的内墙上中门上方的弦月窗那里（正好在阿诺尔福的《怀抱圣婴的圣母》背面），以天国至高无上的荣耀为整个大理石雕刻群画上了句号。

大理石
280 cm × 81 cm

阿诺尔福·迪坎比奥及其工作坊

《教皇博尼法乔八世》1296—1310

阿诺尔福在罗马为博尼法乔八世工作过，应该与其有私交。在这尊雕像里，他重点刻画了教皇强硬、威严的特点。

教皇博尼法乔八世是新建圣母百花大教堂的支持者之一，曾派出一名主教代表自己参加新教堂于1296年9月8日的奠基仪式，并且也从经济上资助了工程第一阶段的建设。博尼法乔八世原名本笃·卡埃塔尼·迪阿纳尼，在教皇切莱斯蒂诺五世放弃教职后，于1294年底被选举为教皇，是教皇最高政治权力的坚决拥护者。这一点阿诺尔福也在这座雕像中表现了出来，将教皇博尼法乔八世刻画成一个权力的代表人物。在罗马时阿诺尔福就曾为博尼法

乔工作过，为他创作过一尊半身塑像，收藏在代理教皇的房间中。之后，阿诺尔福又为他在梵蒂冈的墓穴中制作了一尊雕像。这些在罗马创作的雕像都比这尊佛罗伦萨的雕像要更加人性化。在助手们的协助下，这尊用三块大理石组合而成（头部、躯干、腿部）的雕像显得十分威严冷峻，这里面也许有政治因素的考虑。1289年佛罗伦萨教皇派战胜了皇帝派，作为教廷拥护者的教皇派政府上台，他们也许希望

让这尊雕像成为教皇派与罗马教廷根基紧紧相连的象征。因此这尊教皇雕像与其说刻画了一个人，不如说是一种信念的象征。

蒂诺·迪卡马埃诺

《赐福的基督》1320—1321

大理石

105 cm × 30 cm

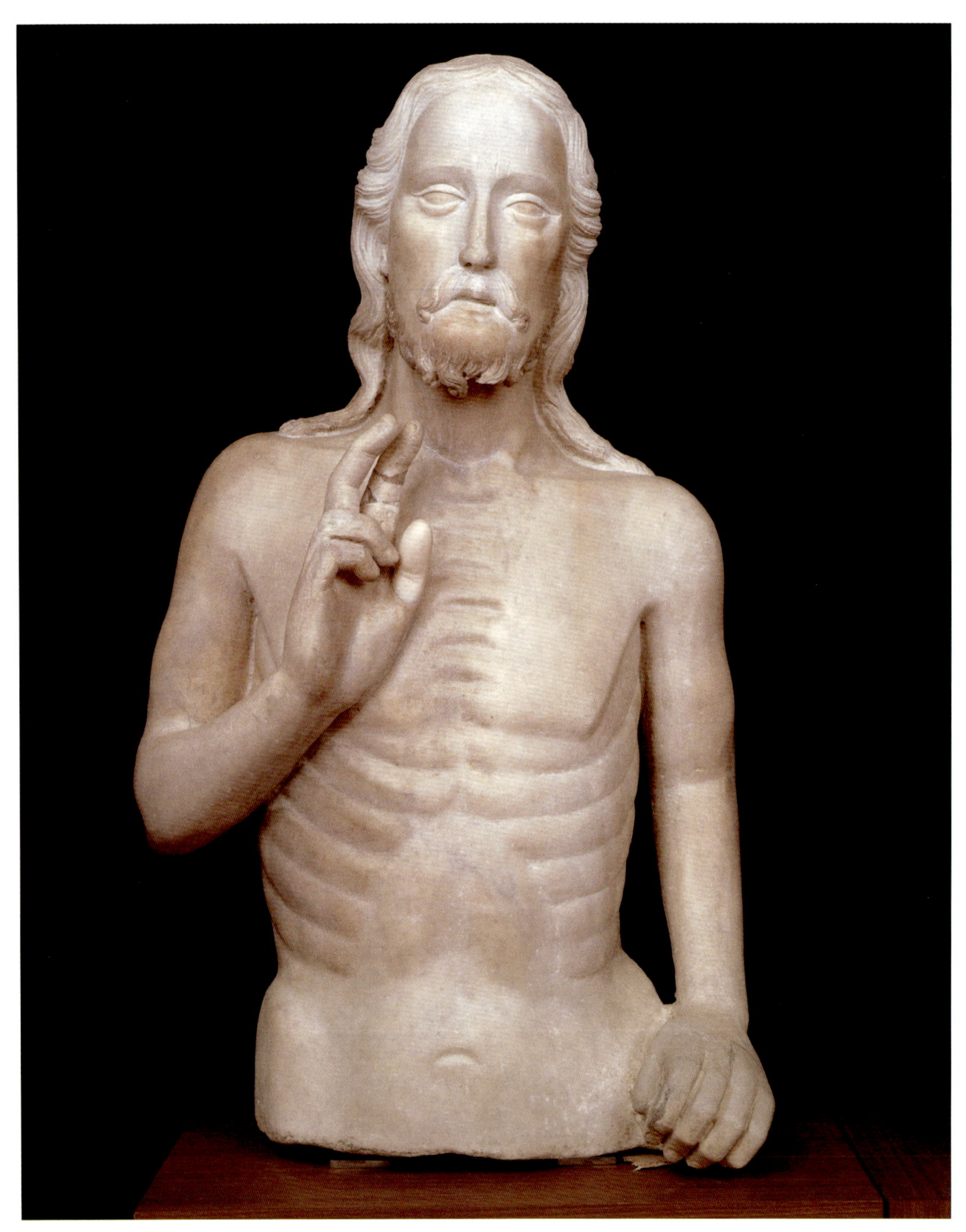

蒂诺·迪卡马埃诺对基督躯体以及做赐福状手势的处理，表现了他对人体的细致研究。

在佛罗伦萨手工业者联合会——羊毛纺织行会的保护下，大教堂的雕刻工程进行得如火如荼。在此激励下，另一个联合会——商人行会也开始资助之前已在其保护之下的圣约翰洗礼堂的雕刻项目，其中就包括本页基督的雕像与下一页圣施洗约翰的头像。这两件作品所在的雕塑群位于圣洗堂南门上方，明显欲与几米开外阿诺尔福设计的雕像一争高低。同样地，与大教堂的计划相同，圣洗堂雕刻群所选取的主题也具有叙述性，表现的是基督受洗的场景，约翰正将水从耶稣头上倒下。这是从创作于15世纪的一个大木箱（收藏于佛罗伦萨巴杰罗美术馆）上的绘画得知的，从中可清楚看到圣洗堂外部的人物雕像装饰。这尊出色的裸体基督雕像属于哥特式自然主义风格，曾一度被认为是15世纪的作品，直到19世纪，创作时间才被认定为14世纪。而如今普遍认同

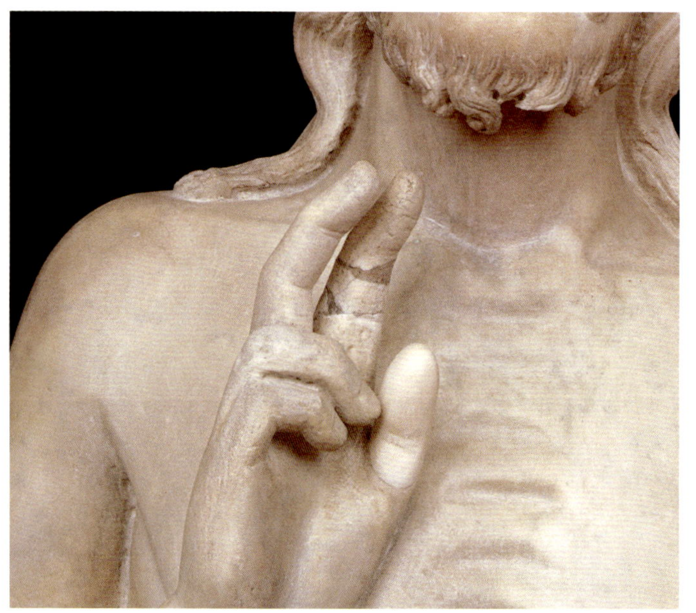

的作品作者——来自锡耶纳的蒂诺·迪卡马埃诺——更是到1952年才被推断认定。按照原来的设计，与这尊基督和圣施洗约翰一起的还有一位托着耶稣衣服的天使（已遗失），它们一起被放置在三角尖顶处。

大理石
55 cm × 25 cm

蒂诺·迪卡马埃诺

《圣施洗约翰头像》1320—1321

蒂诺·迪卡马埃诺的雕刻与文艺复兴早期的审美并不相符。据一份 1502 年的文献记载，当时的人们评价其作品“丑陋粗糙”“令人蒙羞”，瓦萨里甚至称其雕像为“某些大理石怪物”。尽管如此，15 世纪的“复兴”大师们仍深受其影响，尤其是吉贝尔蒂，他为圣弥额尔教堂所作的《圣施洗约翰》铜像几乎可以说是完全照搬了这位锡耶纳大师的风格。他的雕像带着一种抒情的美，连多那太罗和波提切利亦深深对圣洗堂南门上的雕像惊叹不已。正因为如此，当圣洗堂上这些 14 世纪雕刻群面临被拆除的命运时（早于大教堂立面的拆除），《赐福的基督》与《圣施洗约翰》被保留了下来。蒂诺曾为那不勒斯安茹王朝工作过，在他的影响下，佛罗伦萨文艺复兴早期带有法国哥特风格的特点，其和谐的抒情特性被新兴的人文主义艺术模仿与吸收。另外值得我们注意的还有这件作品所刻画的人物圣施洗约翰，他不仅是圣洗堂的守护神，还是佛罗伦萨这座城市的守护神。他象征着历经磨难、拥有预言能力的圣人形象，出现在佛罗伦萨许多用于忏悔的作品中，使作品具有了探究人类心理的人文意义。

安德烈亚·皮萨诺

《创造亚当》1334—1336

大理石，底面彩绘
83 cm × 67 cm

在引人注目的大教堂立面旁边，圣洗堂的对面，由乔托于1334年开始设计的新钟楼也进行了一系列的六边形浮雕创作，主题为“人类活动的起源”。洛伦佐·吉贝尔蒂在其写于15世纪的《回忆录》中将这些浮雕中的人物形容为“艺术的追寻者”。本页这件《创造亚当》是这个系列的第一幅作品，被摆放于钟楼的西立面（即正面），延续了大教堂立面的内容。这一系列雕刻意在说明神的创造在先，而后才有人类的创造活动。造物主以自己的形象造人，因此人的创造力在于与这个世界相联结。浮雕中，生命仿佛在宇宙间迸发，人类接受了来自造物主的馈赠，获得生命。根据中世纪以来的传统，造物主拥有与基督完全相同的轮廓特征。天父通过“圣子”之口，为世间万物命名。基督教教义中写道：“因万有都是靠他（基督）创造的，无论是天上的、地上的……他在万有之先，万有也靠他而立。”（《歌罗西书》1：16—17）这件钟楼的第一块浮雕，讲述了上帝的勤勉，而实际上是希望借此引入该组雕刻的真正主题，即赞美人类的劳动，特别是佛罗伦萨各行各业的人民。

安德烈亚·皮萨诺

《纺织》1334—1336

大理石

83 cm × 67 cm

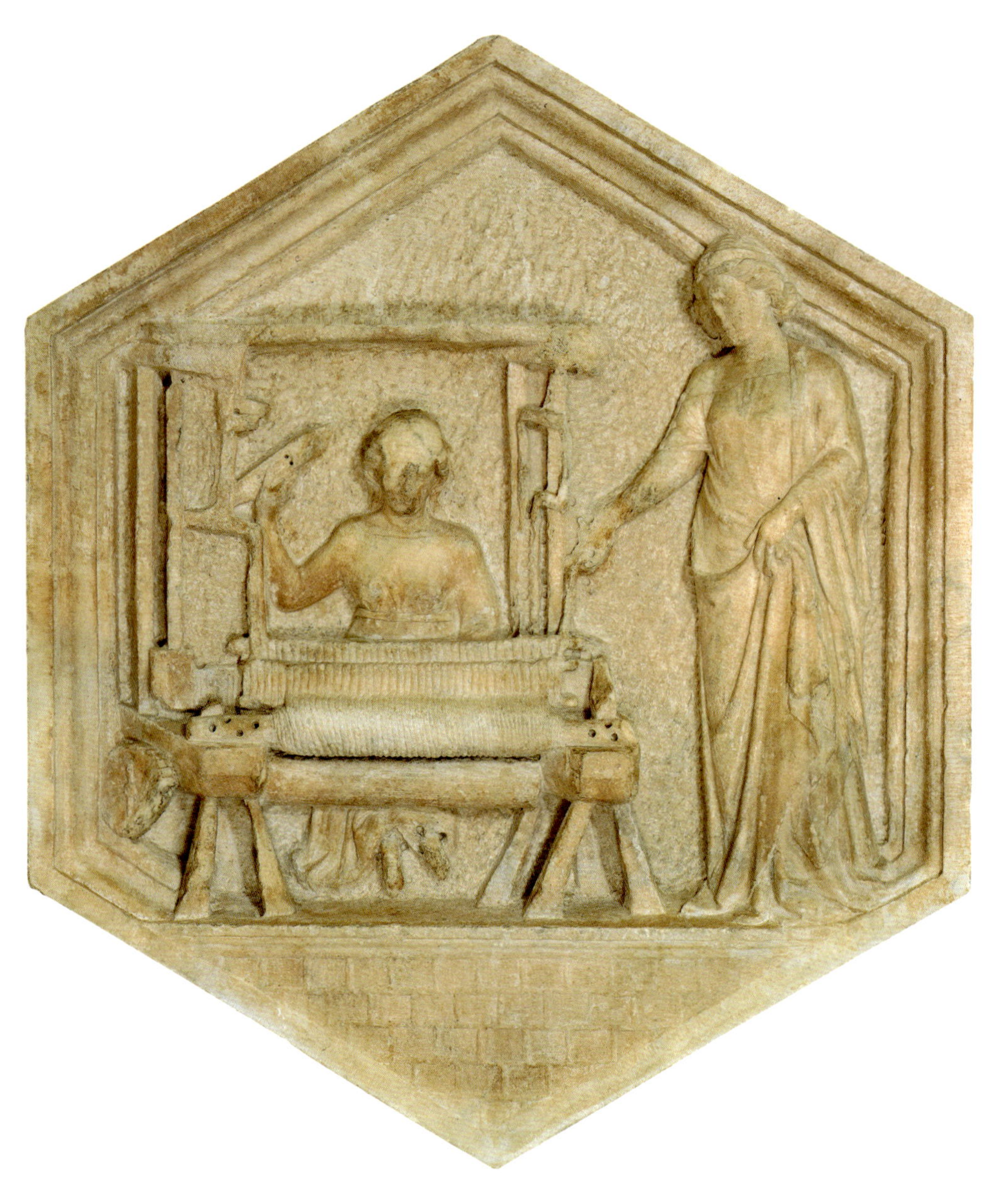

这个浮雕系列中最重要的作品就是这幅《纺织》了。纺织行业是佛罗伦萨中世纪主要的经济来源，其羊毛纺织行会受市政厅委托负责大教堂与钟楼的建造工程。令人惊讶的是，安德烈亚·皮萨诺竟然用两个妇女来表现这个行业！现代的历史社会学研究表明，当时无论在城市还是乡村，用纺锤或纺车织布这项工作都是由妇女来承担的，因此有的纺织女工会被看作其丈夫的帮手，被赋予平等的权利，有的甚至成为该领域的权威，可以接收刚入门学习纺织的妇女作为学徒。无论是在市郊还是市中心，到处可以听到纺织梭声从早响到晚。15 世纪纺织行业丝织行会所出的《戒律书》也表明，到了文艺复兴时期，妇女在该领域依然十分活跃。在洛伦佐图书馆中收藏了一幅漂亮的手绘图，与这块浮雕一样，描绘的是母亲带着女儿在家中纺织的场景。这种妇女在家中进行生产活动的个体工作，一直到 19 世纪才被工厂的大众化生产取代。

这位拿着纺锤的纺织女工气质高贵，令人想起该系列另一幅浮雕作品《先祖亚当与夏娃的劳作》。其中万灵之母夏娃手执纺锤，以纺织女工的形象出现，在她身旁的是正在耕地的丈夫亚当，表现了夏娃不仅是丈夫经济上的帮手，而且拥有作为“人”的完整尊严。

这位优雅的女性姿态威严，手指向纺织机。历史上对这位女性有不同的解读：她是佛罗伦萨城市的化身，指明了城市的经济支柱；她象征了密涅瓦——壁炉的保护神，教导妇女们纺织的手艺；她又代表了佛罗伦萨的母亲们，与自己的女儿一起劳作。

一般来说，新手刚开始进入纺织行业时并没有工具，她必须以一定租金向布料商租用纺织机，才得以在家中工作。浮雕中，我们可以看到人们对机器的重视，因为在佛罗伦萨文化里机器对一个家庭获得经济收入是不可或缺的。

安德烈亚·皮萨诺

《医学》1334—1336

大理石

83 cm × 67 cm

医生朝着灯光举起透明的容器，里面装的是一个妇女从病人床上取来的尿液。

钟楼南面的雕刻群展现的是人类取得重大成就的领域：占星术、建筑、纺织，以及本页的医学。这种自豪感不是佛罗伦萨所独有的，而是属于典型的 14 世纪文化。比如在锡耶纳市政大厅安布罗焦·洛伦泽蒂所创作的同时期的壁画中，同样可以看到类似的生产创作场景里，人物逼真生动，满溢着骄傲与自豪。但锡耶纳的壁画更多的是赞美群体的劳动，而安德烈亚·皮萨诺为钟楼所设计的六边形浮雕则更强调个人的作用，突出该领域专家、大师的引导性地位。比如在《纺织》浮雕中，站立的女性形象高大，情态威严，意在表明传授他人手艺的人地位神圣、道德高尚。而在本页的《医学》中，医生正朝着灯光举起透明容器以观察，从神色可以看出其权威性，在画面中医生也显得比其他人更加高大。而旁边的妇女年龄各异，手中拿着从家中带来的样品。这些人物的形象说明了在但丁、阿诺尔福和乔托的时代，佛罗伦萨各行业的行家都十分清楚自己所拥有的威信。

大理石
83 cm × 69 cm

安德烈亚·皮萨诺

《绘画》1334—1336

与中世纪其他展现各行业手艺的主题创作不同的是，佛罗伦萨钟楼上除了表现各门出色的手工行业以外，还增加了另外三种当时佛罗伦萨已经十分知名的创作活动：绘画、雕刻和建筑。绘画与雕刻后来被放置到钟楼的北面之上，而实际上最开始是计划放在东面刚好位于同时期创作的三艺与四艺的浮雕群下方的。这“七艺”分别是天文、音乐、几何、文法、修辞、逻辑与算术。这意味着在14世纪，与农业、航海（同样位于钟楼东面）这些古老的人类活动相同，视觉艺术也成了一门高级学问，这对于文艺复兴时期绘画被看成一门科学来说无疑是一个伟大的铺垫。在这里安德烈亚·皮萨诺强调了绘画这项工作的知识性，展现一位大师（不知是阿佩莱斯，还是当时仍然在世、被认为是其中几面浮雕作者的老年乔托）俯身在一面祭台装饰屏前专心致志地进行局部修饰。值得注意的还有这个画室中摆放的另外两幅不同大小的画作，它们共同构成了浮雕上精心设计的画面。

安德烈亚·皮萨诺

《雕刻》1334—1336

大理石

83 cm × 69 cm

从某种意义上说，佛罗伦萨真正的艺术在于雕刻。从阿诺尔福·迪坎比奥到米开朗琪罗·博那罗蒂，他们出色的作品只有公元前 6 至 4 世纪的希腊雕刻才能相提并论。在佛罗伦萨，绘画也是“雕刻式”的，画家强调物体的立体感，通过光线与色彩的处理让图案呈现三维效果。在这里，安德烈亚·皮萨诺仿佛预见了未来这些发展，刻画了一个雕刻家（是菲狄亚斯？是阿诺尔福？还是安德烈亚自己？）正弯着腰全神贯注地打造一尊小雕像的场景。这种专注我们之前也在《绘画》这件作品中见到过。而最值得注意的是雕刻家手中拿着的是一尊人像，这种人像在一个多世纪后被莱昂·巴蒂斯塔·阿尔伯蒂称为“具有男子气概的雕像”，即将人的内在力量、精神气魄通过立体的身躯反映出来的雕像。当然，这里的人像只是一个小男孩，他的“气魄”尚未显现出来。那几年，安德烈亚·皮萨诺也为钟楼创作大型的雕像，最后由多那太罗在 15 世纪完成。因此这里可以说是一种对雕刻未来的伟大预想。另外，作者对雕刻工具的用心雕琢也令人印象深刻，可以看到右上角有一个用于凿大理石的大钻头。

马索·迪·班科，阿尔贝托·阿诺尔迪

《洗礼》1337—1341

大理石与釉陶

87 cm × 63.5 cm

这件浮雕最美的地方在于这位神父的专注神情，他正在将圣水从小孩的头上倒下。

在钟楼外部的第二层，即刻有各工艺行业的六边形浮雕上方，装饰有以蓝色釉陶片为背景的菱形大理石浮雕群。这些浮雕分为四个主题，每个主题由七幅作品构成（与钟楼第一层每面装饰七块六边形浮雕相同）。这四个主题分别为行星（西面）、美德（南面）、三艺与四艺（东面）和圣礼（北面），意在表现“支配”这个世界即人类活动的规则，包括占星术（中世纪的基督教教廷对此深信不疑）、内在道德与精神力量、人类传统知识，还有以圣礼为主要方式的基督教世界的圣恩。在“圣礼”主题的第一幅菱形浮雕上，我们可以看到被教父抱着的小孩正在一个哥特式圣洗盆中接受洗礼，

一位僧侣正将圣水从他头上倒下。这幅“圣礼”的浮雕所在的立面正好面朝大教堂，为的是表明这项“制度”与教会生活之间不可分割的关系。

大理石与釉陶
87 cm × 63.5 cm

马索·迪·班科，阿尔贝托·阿诺尔迪

《圣餐仪式》1337—1341

在这些底面嵌有釉陶菱形浮雕的“圣礼”主题系列中，最著名的便是这幅《圣餐仪式》了。画面中是神父与助手在弥撒中的背影，表现的场景是圣餐仪式中最具代表性的一刻——

神父在献祭后将圣餐高高举起。这是一项从公元 1000 年起才开始的新仪式，先在弥撒中举扬圣体，再在各项圣礼仪式中祷告，通过这种对圣餐的默祷来表达对“献身”的基督的崇拜和敬慕之情。古列尔莫·欧塞尔（1150—1232）曾表示“基督的身体能敦促我们爱他”，之后又有一位英国的教士约翰·麦尔指出参加圣餐仪式的人在当天可以免受猝死的危险。而比起这些圣餐祷告仪式，圣托马索·阿奎诺则认为需要说明的是，想获得救赎，最好能真正领到献祭的圣餐面包与葡萄酒。尤其在 1264 年乌尔班四世设立圣体圣血节后，信徒们渴望“亲眼”见到圣餐的热情越发高涨。这件钟楼上的浮雕表现的正是这项令人狂热的新仪式。

这件浮雕捕捉了弥撒仪式中最庄严无声的一刻：举扬圣体。

安德烈亚·皮萨诺

《圣母与圣婴》1337—1341

大理石与釉陶

88 cm × 83.5 cm

钟楼上这些14世纪的雕刻作品中最杰出的当数本页这件浮雕了。当时，从大教堂南殿可通过一条天桥通道到达钟楼，而这件表现家庭天伦之乐的浮雕便位于通道的入口上方。与圣母百花大教堂和钟楼上的其他雕刻不同，这件作品流露出令人惊讶的人情味——一位母亲正在挠痒痒逗儿子开心，而儿子则边反抗边笑。更令人惊讶的是，这个小小的动人场景所在的门正是大钟楼每日敲响救赎之音的地方。整个浮雕传达出来的意义耐人寻味，将天主教信徒们最虔诚的信仰包含其中，即通过圣母玛利亚，上帝化为人的肉身。作为“上帝”，他便是“爱”本身，正如圣约翰说过，“神就是爱”（《约翰一书》4：8）；而作为“人”，他就像我们一样需要去学习什么是爱，需要从母亲千万个小动作中理解爱，从眼神，从爱抚，甚至从挠痒痒中去感受。这种理解能力靠的不是智力，而是真正的信仰。我们所能知道的是，那造就耶稣复活、构成这座宏伟钟楼的基础的，正是这种细致入微、亲密动人的人情。

安德烈亚·皮萨诺

《女预言家厄立特里亚》1337—1341

大理石
高 176 cm

这些异教女预言家模糊不清的话语——有的是被刻在这种卷轴上的——被天主教认为是基督降临的预示。

除了犹太先知外，中世纪天主教还从一些古老的异教预言家的只言片语中，寻找救世主降临的预示，比如这里的女预言家厄立特里亚。皮萨诺创作的两尊女预言家雕像——蒂布尔蒂娜与厄立特里亚，与大卫王和所罗门王的雕像同时期完成，被摆放在延伸至大教堂立面的钟楼西面，可见其地位之重。但到了文艺复兴早期，这些雕像显得有些过时，1464 年被迁移至较为不起眼的钟楼北面，而原先的位置被多那太罗的雕像代替。按照 14 世纪中期的流行样式，女预言家厄立特里亚被塑造成一个少女的模样，头披纱巾，身着一袭简单的外袍，衣袖卷起，领口呈方形。她的外袍从左肩裹住身体，衣褶规整、呈螺旋状。她手中执一纸卷，上面刻有预言的开头：“在遥远的未来……”她的动作坚定稳重，宽大的脸上表情严肃认真。她的手臂的摆放姿势、发型与服饰可从许多古典时期陶制的还愿雕像中见到。这种雕像即使在中世纪也随处可见，常出现在墓穴、神庙废墟或古董市场中。

大理石
高 191 cm

安德烈亚·皮萨诺

《所罗门王》1337—1341

安德烈亚·皮萨诺为钟楼西面创作的人像雕刻系列后来被迁移至北面，原来的位置被 15 世纪的雕刻作品代替。这件《所罗门王》便是这个系列作品之一。与钟楼上的其他雕刻作品一样，这件作品也是计划安放在面朝广场的壁龛上的，因此同样具有感化交流的作用。所罗门王左手执一纸卷，上面写有《圣经》中《所罗门智训》的开头“爱正义吧”。该书在中世纪被认为是所罗门亲自所写。相比旁边的大卫王雕像，这尊所罗门王雕像结构更加稳固，细节更加讲究，例如衣服边上的刺绣以及褶皱盘绕的披风。而手与脚的完成情况却让人觉得该作品最终可能是由皮萨诺的某个能力较差的学徒完成的。雕像的脸则毫无疑问是安德烈亚的杰作了，其面容坚定严肃，留有大波浪式的胡须与及颈长发。有意思的是，两位王的王冠一模一样，都以菱形片加以装饰，仿佛这个王冠是由父亲传给儿子的一般。在钟楼的雕像系列中，这两尊王的雕像具有特殊的重要意义，因为大卫王是基督的祖先，而所罗门王则是建造耶路撒冷神庙的人，他们可算是神庙与教堂建造者们的主保圣人了。

所罗门是大卫的儿子，被认为是未来之王基督的一个化身。这尊雕像的姿势所流露出的高贵气质暗示了其救世主的身份。

皮耶罗·迪乔万尼·代泰斯科

《手托管风琴的天使》1387

大理石

115cm×38cm

旧大教堂立面的雕刻装饰工作在阿诺尔福去世后继续进行。这件做工精美的雕像是由来自阿尔卑斯山以北的艺术家皮耶罗·迪乔万尼·代泰斯科制作的，1386至1387年的资料中记载了这一系列的天使、使徒或本页这种乐师的雕像。音乐这门艺术意义重大，早在中世纪就已获得了长足发展，16世纪圣母百花大教堂还曾为其出色的宗教音乐举行了欧洲范围的庆典。1418年的圣物清单上记录了25本在用的宗教音乐册，而现在在佛罗伦萨大主教档案馆中还保存有一本来自12世纪大教堂的对答轮唱歌集。整本歌集采用了双行纽姆记谱法，是意大利中部最古老的音乐抄本之一。而作为艺术创作主题，音乐的地位亦不容忽视，圣母百花大教堂中拥有包括本页雕像在内的一系列工艺精湛的乐师与歌唱者形象，具体有：加多·加迪在14世纪早期创作的天使乐师马赛克作品，位于大教堂的立面背面；南尼·迪班科在15世纪早期创作的雕像，位于大教堂北面左门的弦月窗外部；卢卡·德拉·罗比亚创作的唱诗台雕像，位于教堂两个圣器室的门上方；桑蒂·迪蒂托创作于16世纪晚期的壁画，如今仍位于教堂立面背面。

皮耶罗·迪乔万尼·代泰斯科

《弹奏诗琴的天使》1387

大理石

115 cm × 35 cm

皮耶罗·迪乔万尼·代泰斯科创作的天使雕像拥有勃艮第风情的衣褶，优雅大方。而这也是此后的佛罗伦萨大师渐渐向国外哥特式风格靠近的重要证据。这些大师中包括洛伦佐·吉贝尔蒂，他的《以扫与雅各》中以扫也跟这位天使一样拥有线条平行的管状衣褶。音乐依然是重要的主题，这一次表现的是诗琴，一种既可为宗教音乐也可为世俗音乐伴奏的乐器。圣母百花大教堂曾在 12 世纪接待过圣扎诺比兄弟会，该协会是一个民间的唱诗会，在参加一些宗教活动的同时，他们会弹奏乐器，唱赞美诗。此类协会均具有宗教与慈善性质，但除此之外，该兄弟会成员还通过每周的唱诗课聚集在一起，担任日常的合唱任务，在一些庆典中负责守夜唱诗。协会的活动经费通过捐赠获得，并且自 1313 年起，从合唱成员到半专业的器乐演奏师均可领到工资，圣母百花大教堂也因此成为一个可专门举办音乐会的场地。1354 年的圣物清单记载，此协会的用具中有“一个乐谱架，摆放在教堂中央唱诗的地方”。

碧加洛大师

《宝座上的圣扎诺比与圣欧金尼奥、圣克雷申齐奥》约 1240—1250

木版画
109 cm × 274 cm

这件作品的背面刻道：“这件木版画是由佛罗伦萨共和国从希腊邀请过来的画家所画，曾属于今已废除的古老的佛罗伦萨圣扎诺比兄弟会……”这是阿方索·塔科利·卡纳奇侯爵于1786年写下的文字，他在这一年买下这块挂版，将其作为意大利拜占庭式艺术的典范献给帕尔马公爵斐迪南·迪博尔博内。通过拙劣的修复后（尤其是中间的人像），作品于1928年回到佛罗伦萨。由于这件作品最初被摆放在圣雷帕拉塔教堂中的醒目位置，而后又被迁移至圣母百花大教堂，因此最终被收藏在大教堂博物馆中。几个世纪里，这幅画作曾归享有声望的圣扎诺比兄弟会所有（该协会还于1281年长驻大教堂），用于歌颂佛罗伦萨大主教扎诺比的丰功伟绩。这位主教于公元4世纪末至5世纪初在职，去世后遗物保存在圣母百花大教堂中。除了背面外，画的正面也刻了字，也许是15世纪刻的，上面说明了这块木版是用榆木做成的，而榆木正是扎诺比主教遗体从佛罗伦萨第一个教堂圣老楞佐大殿移至圣雷帕拉塔教堂时奇迹般开花的树。画面上与圣扎诺比在一起的还有他的两位助手——副主祭圣欧金尼奥与圣克雷申齐奥。

画面中央，在两位得力助手的烘托下，大主教的威严气势跃然纸上。撇开那些拙劣、丑陋的修复痕迹，华丽精美的宝座与地板展现了佛罗伦萨旧教堂中圣物用品的宏伟与豪华。

在展示圣扎诺比生平事迹的第一幅图中，这位 13 世纪的画家描绘了一位法国女朝圣者路过佛罗伦萨时将儿子托付给佛罗伦萨大主教的场景。这个小男孩在母亲回家前失足从窗口跌落死去，但在扎诺比的祷告下又复活过来。

这幅图表现的是小男孩苏醒前一刻的场景。母亲的伤心绝望、圣扎诺比的神力与旁观者的期待都通过栩栩如生的眼神与动作刻画出来。尽管画风仍属于拜占庭式，但这位匿名画家的叙事能力不容置疑。

ZANO
BIUS

圣阿加塔大师

《圣阿加塔》约 1275

作升旗用的木版画

83.5 cm × 51 cm（含边框）

人物坚定的眼神与镶嵌宝石的服饰属于拜占庭风格，是赞颂圣人时所采用的典型样式。

18 世纪都灵作家、耶稣教教父朱赛佩·理查指出，在“一本记录圣雷帕拉塔教堂（佛罗伦萨旧教堂）庆典与活动的圣器书”中有一条记载——“2 月 5 日圣阿加塔节，答谢圣女阿加塔保佑免除火灾”，所有神职人员举着旗帜组成仪式队伍游行。这块收藏在大教堂博物馆中小小的双面木版毫无疑问是当时游行时举着的画像。画框雕刻镀金，属于 15 世纪末至 16 世纪初的风格，这在 1507 至 1510 年间许多文献资料中被提及。资料中记载付款给“木匠安东尼奥，他为圣阿加塔节游行中使用的木制圣阿加塔画像制作了装饰”。画像上最古老的部分是“希腊式”艺术的典范，应该与圣洗堂内弧面马赛克的创作时期相同，两者均刻画

有拜占庭风格的宝石镶嵌服饰与人物王冠。这种“希腊式”艺术在 16 世纪后半叶被乔尔乔·瓦萨里大力批判。设计圣洗堂的大师中有契马布埃，而如果这里创作时期推断正确的话，这件仿古作品的出现时间要比年轻乔托的早期作品还早数年。

木版画
83.5 cm × 51 cm（含边框）

雅各布·德尔·卡森蒂诺等人

《圣阿加塔》14 世纪前半叶

这幅《圣阿加塔》位于上一页所介绍的小木版画的背面，归大教堂所有。每年 2 月 5 日的圣阿加塔节神职人员都会举着木版进行队伍游行，该双面画像可让人们看到圣人进入队伍、再以此“新模样”离开队伍的样子。这幅画像精美动人，再现了正面画像人物神圣庄严的姿势与嵌满宝石的服饰。这是 14 世纪一种类似“拜占庭艺术复兴”的风格，之后被乔托的自然主义替代。表面上看，作者也许遵从了必须模仿年代更久远的正面画像的要求，但他在细节中融入 14 世纪艺术的新特点，比如人物更加柔软的轮廓与红润细腻的皮肤，形成了自己的风格。对比正反面这两

幅画像，不难想起 15 世纪晚期伟大的洛伦佐令安杰洛·波利齐亚诺作的诗：“我是赋予画中人生命的人……”这首诗写在大教堂内贝内代托·达马亚诺雕刻的乔托下方，将能令“死”的绘画变“活”的功劳献给这位“现代”风格的创立者。

在 14 世纪，佛罗伦萨艺术尽管仍保留着拜占庭风格的特点，但渐渐将圣人变得更加人性化。

贝尔纳多·达迪

《怀孕的圣母》1335

木版画
131 cm × 116 cm

在 15 世纪，皮耶罗·德拉·弗朗切斯卡创作了不少有关圣母待产的作品，广为人知。但实际上这个主题在 14 世纪便已存在了，经外书《雅各福音书》中的一节中写道：玛利亚拜访伊丽莎白后，在与伊丽莎白共处的三个月里，她的身体变化越来越明显，“肚子一天天变大了”。这个主题深受怀孕及希望怀孕的妇女的喜爱，从大教堂中这块祭台小装饰屏上也可以看到在腹部微隆的玛利亚和赐福耶稣下方有两位比例较小的妇女，她们应当为这幅作品的委托人。这两位妇女中，年老的身穿寡妇装，年轻的与圣母一样穿着优雅的外袍，纽扣敞开以使怀孕的身体方便、舒适。在圣母手中打开的书页上，写着有关于怀孕的祷文：“仁慈的巴尼奥罗圣母玛利亚，请您为我向上帝祷告，让我在他的神力下得以受孕。”木版画上还写有作品的创作时间：1334 年 2 月 25 日（通用记法为 1335 年）。

乔万尼·德尔·比翁多

《殉道的圣塞巴斯蒂亚诺》1375—1380

木版画

224 cm × 223 cm

这幅非比寻常的三折式祭台装饰屏中央展现了圣人殉道的悲壮场面，意在让信徒们在进行弥撒仪式时将眼前圣塞巴斯蒂亚诺的血与手中的圣酒即耶稣的血联系起来。木版画几乎可以确定是来自于大教堂中的圣塞巴斯蒂亚诺祭台，那里曾经保存着这位基督教早期殉道者的遗物。这些遗物是大教堂牧师菲利波·德安泰拉捐赠的，菲利波·德安泰拉后来于1356年成为佛罗伦萨的主教。几十年后，弗兰科·萨凯蒂在他的第171篇中篇小说中写道："佛罗伦萨主教德安泰拉"曾"命人在大教堂中的圣塞巴斯蒂亚诺祭台进行绘画"。这位高级教士如此大力推崇圣塞巴斯蒂亚诺祭礼的原因，也许与1348年爆发的可怕瘟疫有关。圣人身上的箭伤正好与黑死病导致的创口相似，以此希望圣人能保佑人们战胜瘟疫（圣塞巴斯蒂亚诺依然是慈善会的保护神之一，其位于大教堂旁边的会所至今依然在照顾病人、埋葬死者）。但菲利波·德安泰拉于1361年去世，所以萨凯蒂所写的并不是这幅三折画，而应该是1374年新爆发鼠疫后祭台的翻新。

美第奇家族多折画大师

《圣扎诺比、圣施洗约翰与圣雷帕拉塔》14 世纪中期

木版画

136 cm × 163 cm

根据 14 世纪一些学者的记载，这幅概括了历史故事的三折木版画完成于 1380 年以前，即旧教堂被拆除之前。画面展示了当时佛罗伦萨的主要守护神：中间是罗马式圣洗堂守护人圣施洗约翰，右边是遗物保存在大教堂中的早期主教扎诺比，左边是旧教堂守护神雷帕拉塔。

这件作品并没有将圣母包括在内，因为当时在建的圣母百花大教堂只是旧教堂边上的施工工地。直到 1380 年新教堂大殿完工后，旧教堂不再使用，开始被拆除。这幅三折画早在这个日期前被委托开始创作，与其他祭台装饰屏一起收藏在由旧教堂到新教堂的过道里。圣施洗约翰深受人们崇敬，到了 15 世纪，吉贝尔蒂、多那太罗、米开朗琪罗与其他艺术家将其形象

作为苦行人物的代表。而在这里，这位基督教先驱以右手执书卷的形象出现，纸上写有福音书中的话——“当预备耶和华的路”（《以赛亚书》40：3—5）。

木版画
226 cm × 117 cm

乔万尼·德尔·蓬特，乔万尼·德尔·比翁多（推测）

《亚历山大的圣卡泰丽娜及捐赠人》14 世纪后半叶

这幅带有装饰字母、金光闪闪的华丽装饰屏画来自于比斯凯里家族。这个佛罗伦萨地位显赫的家族在新教堂建造初拒绝将位于施工范围内的房屋卖掉，结果后来的一次火灾让他们不得不以极低价出售房屋。作品由诺费里·比斯凯里赞助创作，画面右侧比例较大的侧面肖像即此人，可能创作于 1377 至 1378 年间。因为当时诺费里正在佛罗伦萨共和国政府与羊毛纺织行会中任职，而后者正是新教堂的出资机构，于是这幅装饰屏画便被摆放至新教堂中。

在中世纪，个人崇拜风气盛行，包括圣巴尔托罗梅奥（手持殉道时的刀）在内的圣人保护神形象随处可见。

1407 年诺费里又命人在教堂中建造一间亚历山大的圣卡泰丽娜礼拜室。也许在同年，他又令画家画上自己的儿子巴尔托罗梅奥与乔万尼的肖像，以及在原画四周添加圣卡泰丽娜生平事迹的场景作为装饰。14 年后，也就是 1421 年，诺费里走到生命的尽头，他的儿子为他追回 1407 年礼拜堂建造时获得的权利，将他安葬在大教堂的这幅装饰屏画下。

南尼·迪班科

《圣路加》1408—1415

大理石

207 cm × 87 cm

雕像上的人物左手优雅地放在腿上，南尼·迪班科通过这种方式赋予了雕像高贵的气质。

大教堂未完成的立面是佛罗伦萨人最为苦恼的事。15世纪初，当时洛伦佐·吉贝尔蒂正在为圣洗堂创作前两扇铜门，教堂的建造机构羊毛纺织行会希望为正门边上的四个壁龛创作使徒雕像。1405年，教堂财产管理委员会拨款，派两位工匠前往卡拉拉采石，粗凿出所需要的石块。但由于佛罗伦萨共和国与米兰公国之间的战争，这些石块两年后才得以回到佛罗伦萨。1408年，这四尊使徒像中的三尊被委托给雕刻家：本页的《圣路加》交给了南尼·安东尼奥·迪班科，下一页的《圣使徒约翰》交给了多那太罗，《圣马可》交给了被称作“佩拉”的尼科洛·迪皮耶罗·兰贝蒂。鉴于吉贝尔蒂是通过赢得比赛获得创作铜门的任务的，本着同样的想法，大教堂也想将第四尊使徒像圣马太交给前面提到的三位大师中完成得最好的一位。但由于担心时间不够，教堂委员会最终改变了主意，在1410年将此任务交由贝尔纳多·迪皮耶罗·丘法尼。南尼创作的这尊圣路加像位于正门左侧的壁龛中，其视线从高处望至低处，仿佛在细细观察每一个跨过教堂门槛的人。

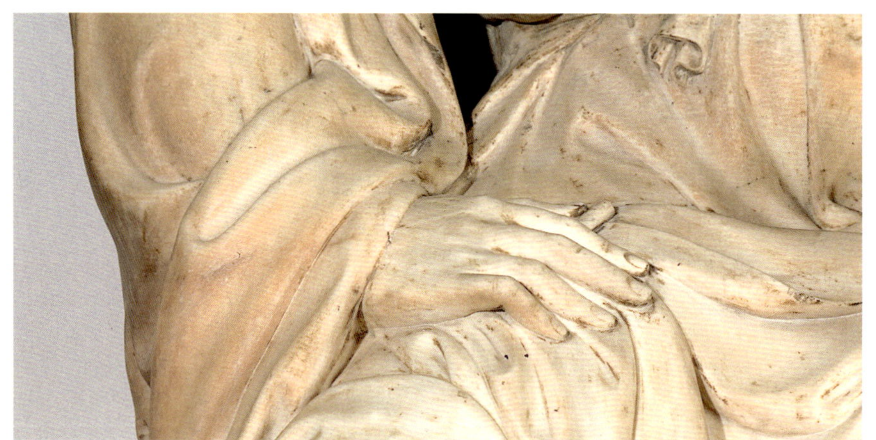

大理石
210 cm × 88 cm

多那太罗

《圣使徒约翰》1408—1415

该圣约翰像是大教堂立面上四尊使徒像（见上一页的介绍）中最著名的一尊，位于正门右侧，与南尼·迪班科的圣路加位置相对。雕像双腿转向右方而头部与身体转向左方，整体的姿势不仅给人圣人正在看向跨过门槛的人的感觉，还以新的方式赋予了雕像生命与活力，让雕像的灵魂通过外表表现出来——这在14世纪的雕刻中是见不到的。这件作品大部分完成于1412至1415年间，正是多那太罗潜心研究的时期，在此期间他还为圣弥额尔教堂创作了两件著名的文艺复兴新风格雕刻作品——《圣马可》与《圣乔治》。到16世纪，恰好一百年后，这尊圣约翰像因成为米开朗琪罗创作《摩西》的灵感来源之一而再次被世人熟知。四尊使徒像于1415年前完成，摆放在大教堂入口显眼的位置，直至1587年旧立面被拆除。《圣使徒约翰》是意大利艺术史上重要的一笔，它使人们开始关注风格的对比，而这种对比正是现代历史评论方法的基础。

也许是为了与南尼·迪班科同时期的作品（见前页）一争高低，多那太罗同样选择突出人物高贵、优雅的气质。

菲利波·布鲁内莱斯基（推测）

《大教堂圆顶》（模型）15 世纪前半叶

木头
100 cm × 90 cm

1418 年羊毛纺织行会组织了一场比赛，为大教堂圆顶挑选设计者。根据瓦萨里的记载，当时有无数工程师与建筑师参与这场比赛，甚至还有来自北欧的艺术家，他们送来了设计稿与木制模型。菲利波·布鲁内莱斯基相信自己是唯一能完成圆顶的人，坚持认为教堂应当把这项任务交给他。但在其他对手复杂的方案面前，他的设计因没有使用木头承重而显得并不可行。教堂委员会被布鲁内莱斯基的自信打动，请他制作一件木头模型，但被他拒绝。而他居然要求其他参赛者做到让一个鸡蛋直立在大理石面上！所有人都感觉自己被愚弄了，但依然尝试着去做，却没有成功，最终只能让菲利波来展示他的解决方案。他拿起一个鸡蛋，“直接将鸡蛋底部用力敲到大理石面上，鸡蛋就这么直立着了”，瓦萨里这么记录道。看到菲利波这么做，所有人都反驳说这种方法自己也懂得，但菲利波回答，如果他把自己的模型展示出来，那么所有人也会懂得如何将一个圆顶翻转过来了。一些人认为菲利波·布鲁内莱斯基大约在 1429 年还是制作了这件木制模型，以便在圆顶已成形时让人们更好地了解圆顶的内部构造。

铁和铜

174 cm × 90 cm

佛罗伦萨工人

《制作圆顶所用的旋转紧线器》15 世纪前半叶

1418 年布鲁内莱斯基赢得比赛后，成为整个圆顶工程与具体工作的总负责人。他重新设计，改进所要用到的工具：打孔器、三钩式绞盘、旋转紧线器以及起重机器。正是因为在工地上需要举起不同高度的大型材料，这位工程师才与建筑师不断发明新工具。他还为绞盘与滑轮安装了常用于手表制作的倍增器系统，以增大力度。机器的动力是靠两匹马拉动来提供的，马通过绕圈转动一棵垂直放置的树，这棵树又推动另一棵水平放置的树，使固定在有一定高度的滑轮上的绳索不断盘绕又展开来托起重物。通过这种方法，砖头与石头都能以 10 米为单位进行升降（最低的脚手架距离地面 60 米，最高的距离地面 90 米）。以上这些方案并没有任何文字说明，却有许多艺术家，比如博纳科尔索・吉贝尔蒂、年轻的列奥纳多・达・芬奇和朱利亚诺・达・桑迦洛等人画下图例，为我们留下了宝贵的资料。

多那太罗

《以利沙（或哈巴谷）》1423—1435

大理石
195 cm × 54 cm

佛罗伦萨人称这位先知为“愚者”，一些文献中又称之为“哈巴谷”，也许指的是《圣经·旧约》中唯一一个秃顶的人以利沙。雕像上层叠的斗篷也说明了他是以利沙，因为他的老师以利亚在燃烧的马车中归天后，他继承了老师的斗篷以示权力的转移。这尊雕像原本是为钟楼边上的壁龛创作的，在1464年被重新摆放到钟楼的正面，即朝着圣洗堂的西面。它替代了原来安德烈亚·皮萨诺的《大卫王》（《大卫王》被挪至不太显眼的北面），体现了当时人们喜好的转变。15世纪初期多那太罗在罗马时研究了文艺复兴早期人们推崇的古罗马式肖像，即干瘦而严肃的脸。雕像上同样属于古罗马风格的还有几撮头发的设计和左肩斗篷的执政官式穿法。一些人认为这尊雕像刻画了当时佛罗伦萨某个名人的脸孔，但实际上更可能是《圣经·旧约》中的一位先知的“理想”肖像。人物脸上炽热的眼神与半张开的嘴表现了其内心沉重、苦痛的情感，并通过预言传达出来。

这只手随意地插在腰带下方，表现了人物的生命力。

多那太罗

《耶利米》1427—1435

大理石

191 cm × 45 cm

与前面那尊“愚者”一样，这尊《耶利米》原先是摆放在钟楼边上的，在1464年被移到正面，代替了原来安德烈亚·皮萨诺的《所罗门王》。同样地，多那太罗也是参考了古罗马肖像的特点，让这位先知的脸上呈现一种真实的不安状。这并不是一张古典的理想化了的脸，而是有血有肉、特点突出的脸：参差的胡子、隆起的额头、凸出的下嘴唇、疲倦但警惕的眼睛。这样的脸与紧绷而充满男性气概的身体给人以一种挑衅甚至是威胁的感觉。宽大褶皱的

衣袍及因此形成的大块阴影强调了人物的悲剧性，与此做法相同的，还有多那太罗为圣弥额尔教堂创作的雕像，以及马萨乔在布兰卡奇礼拜堂所雕刻的作品。恰逢15世纪前30年，佛罗伦萨艺术进入了“英雄”时期，当时敌国势力崛起，佛罗伦萨重申其教皇派的立场，要求人民守护国家自由。到16世纪初期时共和主义情感高涨，米开朗琪罗在多那太罗这尊《耶利米》中获得灵感，创作了共和国的“国民偶像”——《大卫》。

作者在人物放松的双手上也仔细刻画了血管，给人以这位先知依然活着的感觉。

多那太罗与南尼·迪巴尔托洛

《亚伯拉罕与以扫》1421

大理石

188 cm × 56 cm

这是多那太罗与被称为“罗索”的南尼·迪巴尔托洛合作的作品，原先摆放在钟楼东面左数第三个壁龛中，1936 年被转移到博物馆中。多那太罗第一次在雕像中采用组合形式，人物形象立体、真实，仿佛从中迸发出巨大的能量。这种形式于 16 世纪被米开朗琪罗与风格主义者沿用，被称为“扭转的人像”。整个造型的复杂性——到 16 世纪成为艺术家追求的目标——都是为了突出这个为世人所熟知和喜爱的《圣经》主题：一个父亲在上帝的要求下贡献出自己最珍贵的东西，即他的儿子。在这里，亚伯拉罕左手将儿子的头发向后拉，找到要下刀的地方，但右手已经松开，刀从儿子的后颈滑过。这位父亲充满感激地望向上帝，因为上帝最终决定不要他儿子的生命。少年的以扫体态俊美，低下头平静地等待牺牲。

以扫做好准备献出自己的生命。实际上他是未来的救世主基督的象征，多那太罗在雕像中通过刻画这位少年的俊美来表达这层关系。

在《圣经·新约》中，以扫其实是耶稣的象征，这个故事代表上帝不惜牺牲自己儿子的生命。

木头
高 84cm

菲利波·布鲁内莱斯基

《圆顶的灯笼天窗》(模型)15 世纪中期

乔万尼·坎比，这位 15 世纪的佛罗伦萨作家在其著作《佛罗伦萨史》中记载:“1434 年 6 月 12 日，教堂的大圆顶完工了……现在开始在圆顶上方建造一个用白色大理石做成的灯笼天窗，盖上金顶，然后再放上十字架。”让人难以置信的是，与圣母百花大教堂的所有工程一样，完成大教堂顶端的建筑师人选依然要通过比赛来确定。布鲁内莱斯基需要再次参加比赛，洛伦佐·吉贝尔蒂是他的竞争对手之一，欲从菲利波获得的荣耀中分一杯羹。后来洛伦佐·吉贝尔蒂的希望落空，瓦萨里曾对其进行评论，还说当时“连加迪家中的一位妇人都敢去比赛”。这件木制模型保存在博物馆中，1966 年遭受洪灾后被大力修复。它优美的造型有助于人们了解布鲁内莱斯基制作的结构，其结构“更好”“更轻”的原因就在于“本身能给人以深刻的印象，能让内部光线充足”。圆顶顶端是用一整块榆木或胡桃木雕成的，其中一部分用蜡制成，而包括灯笼天窗在内的往上部分则是用多块软木拼接而成的。

洛伦佐·吉贝尔蒂

《创造亚当与夏娃》1425—1452

镀金铸铜浮雕

80 cm × 79 cm

正当布鲁内莱斯基负责的教堂圆顶开始成型时，圣洗堂第三扇也是最后一扇门“天堂之门”被直接交给了洛伦佐·吉贝尔蒂来完成，当时正是吉贝尔蒂创作的第二扇门完工一年之际。14 世纪时圣洗堂计划制作三扇结构相同的门，而后来计划有了根本性的转变。安德烈亚·皮萨诺的第一扇门和吉贝尔蒂的第二扇门都是将门划分为 28 个四方形，把创作场景安放在正方形的哥特式四叶草边框中，而“天堂之门”则不再画四叶草边框，正方形也缩减为 10 个，每个正方形中分别画有与《圣经》相关的主题故事。这个改变似乎是在作品创作过程中被提出的，因为根据现存的一份资料，当时人文学家列奥纳多·布鲁尼为出资者商人行会设计的是 24 幅历史故事装饰画加 4 幅基座上的浮雕。这个突然的变化应当是吉贝尔蒂本人提出来的，他也许不想被限制在设定好的四叶草边框中，而更渴望展现自己的风格。本页这幅画是门上第一个正方形，作者以造型优美的人物形象与流畅自如的叙述能力讲述了亚当与夏娃的故事，并不畏人们将其浮雕与同时期的马索利诺、马萨乔和保罗·乌切洛等大师创作的画作进行对比。

洛伦佐·吉贝尔蒂

《该隐与亚伯》1425—1452

镀金铸铜浮雕

80 cm × 79 cm

“天堂之门”上的浮雕是佛罗伦萨15世纪新风格绘画中最伟大的作品之一，意在创作宏伟的叙事场景。同世纪30年代的人文学者、理论家、建筑师莱昂·巴蒂斯塔·阿尔伯蒂解读了浮雕中的内容，称之为一部“史书”。本页《该隐与亚伯》是吉贝尔蒂创作的第二幅《圣经》故事浮雕，以独特的方式讲述了一个关于人类的悲剧故事。阿尔伯蒂在《论绘画》（也许正是受当时正在创作的浮雕启发而写）中详尽地对这幅作品进行了说明，赞美了吉贝尔蒂通过刻画人物的动作、行为与面部表情来区分不同人物性格和心理状态的能力。画面中亚当与夏娃的两个儿子截然不同：该隐是农夫，而亚伯是牧羊人。阿尔伯蒂发表了自己对该隐的敏感性格和手足仇恨的看法，最后总结道：“当画上的人将自己的心理活动充分展现出来时，人的精神将推动历史的发展。人的天性总会贪婪地想要拥有与自己相似的东西，于是我们与哭者同哭，与笑者同笑，与痛者同痛……”

吉贝尔蒂解释了该隐内心仇恨的根源：该隐和亚伯向上帝献供物，比起该隐献上的地里的蔬菜，上帝更喜欢亚伯所献的羊。对此，“该隐就大大地发怒”，《创世记》4：5中这么写道。上帝要求他学会控制自己的嫉妒之心：“罪就伏在门前……你却要制伏它。”

《圣经》讲述了献上供物之后的故事：“该隐与他的兄弟亚伯说话，二人正在田间，该隐起来打他的兄弟亚伯，把他杀了。”（《创世记》4：8）吉贝尔蒂将这段精练的文字化作一个充满残暴杀气的场景，这在整个15世纪的艺术作品中是独一无二的。

“该隐对耶和华说：‘我的刑罚太重，过于我所能当的……我必流离飘荡在地上，凡遇见我的必杀我。’”（《创世记》4：13—14）在这里，吉贝尔蒂将杀人的木棍变成拄着的拐杖，传达了对这位年轻人的悲悯之情。上帝在他的身上留了个记号以保护他，给他重新改过的机会。

洛伦佐·吉贝尔蒂

《以扫与雅各》1425—1452

镀金铸铜浮雕

80 cm × 79 cm

在“天堂之门”上这幅最著名的浮雕中，洛伦佐·吉贝尔蒂为同时代的莱昂·巴蒂斯塔·阿尔伯蒂的《论绘画》中描述的新艺术做了最基本的阐释。作为那个时代最新的创作元素，透视的线条表现出了空间的深度。这在圣洗堂其他门上是找不到的，而在这些犹如木版画或壁画的浮雕中却得到了极大的发展。值得注意的是，在“天堂之门”最初的布局中，吉贝尔蒂有三幅浮雕用于展现其高超的透视技巧，其中两幅被安置在门的中间高度位置上，而这个位置最为吸引经过的人的目光。吉贝尔蒂当时 40 多岁，在 1403 至 1424 年间因设计哥特风格的门而闻名遐迩，显然他希望借此具有现代风格的浮雕来再次证明自己。这些浮雕其中一幅就是本页以扫与雅各的故事，而旁边另一幅相同高度位置的是朱赛佩的故事。吉贝尔蒂伟大的竞争对手菲利波·布鲁内莱斯基对这两幅浮雕的贡献亦不可磨灭，他是透视画的发明者和仿古建筑的创造者。吉贝尔蒂在作品上签名亦非偶然，他意在邀请人们仔细欣赏这两个场景之下的高超技法。

洛伦佐·吉贝尔蒂

《朱赛佩的故事》1425—1452

镀金铸铜浮雕

80 cm × 79 cm

在“天堂之门”上的人物布局中,《以扫与雅各》和本页的《朱赛佩的故事》都暗示了耶稣的存在,因为耶稣出自雅各的血统,而朱赛佩则预示了耶稣的命运(与耶稣一样,朱赛佩被父亲疼爱,却遭到兄弟的怨恨,历经屈辱后拥有权力拯救世人,也拯救那些曾经反对他的人)。这些场景中透视法的着重使用也许与画面中的基督教思想有关。吉贝尔蒂按顺序讲述复杂的历史事件,通过透视手法的使用表达一个实则简单的主题思想,即人类在经历背叛与欺骗之后,最终必定能超越痛苦与嫉妒,到达一个“转折点”——一切的伤害会被原谅,仇恨终将变成仁爱。而有关画面的叙述结构,则需要观看者来捕捉细节,将各层内容联结到一起。事实上在每个场景中,吉贝尔蒂都无序地合并了多个情节,观看者需按照自己对《圣经》故事的熟知程度来重新整合这些情节。以本页这幅作品为例,第一个情节——朱赛佩被以奴隶身份卖给了商人的情节出现在右上方,他的兄弟到达埃及的情节出现在左侧最前方,而朱赛佩表明身份并原谅他的兄弟的情节则位于左侧中间。

洛伦佐·吉贝尔蒂

《所罗门王与示巴女王》1425—1452

镀金铸铜浮雕
80 cm × 79 cm

“天堂之门”上的每一个场景都融合了多个情节（实际上也是因为要将 28 个四边形缩减成 10 个不得已而为之），唯有本页这件浮雕是例外，只单独讲述了所罗门王与示巴女王会面这一事件。画面中的重要人物不再分散在各个角落，而是出现在正中央，位于立体感强烈的华丽辉煌的教堂中殿前方。这件《所罗门王与示巴女王》也许是 10 件浮雕中最后完成的一件，事实上暗指了具体的地点与事件：1439 年，佛罗伦萨圣公会议在圣母百花大教堂举行，庆祝东方教会与罗马教会的联合。画面中，从东方来的女王前来聆听教堂的建造者所罗门王的智言，而在他们二人前方的圣坛上，可看到参加圣公会议的东方教会高层代表人物，其中包括拜占庭君主和君士坦丁堡的主教，他们前来佛罗伦萨听取教皇尤金四世的西方神学理论。画面中的教堂正是举行圣公会议的圣母百花大教堂，由教皇尤金四世在三年前祝圣落成，吉贝尔蒂将这个见证了东方与西方历史性会面的教堂刻画得宏伟壮丽。

洛伦佐·吉贝尔蒂圈子

《装饰有人像的螺旋权杖》1425—1430

镀金压花釉彩青铜

高 56cm

玛利亚是“圣母教堂”中一个传统的人物形象，权杖上的主教跪拜在她的面前，以表示对圣婴的敬慕和对教会的服从。

因为“天堂之门”任务的委托，吉贝尔蒂的威望也达到了顶峰。在这段时期他的工作坊和与其风格相近的艺术家们创作了无数作品。其中这件权杖作品十分引人注目：一方面是由于其风格雅致精美，属于国际哥特式金银器件中的杰作；另一方面是由于整件作品中的雕像强调了主教与“圣母教堂”的关系，在其中可看到螺旋中一位主教跪在圣母玛利亚面前。作品的创作背景是天主教会大分裂（以 1417 年马丁五世被选举为教皇为标志正式结束，尽管到 1429 年依然有两位对立教皇继续煽动基督教徒支持他们），创作主题极有可能是由资助者——1411 至 1434 年佛罗伦萨主教阿梅里戈·科尔西尼选定的。阿梅里戈在 1420 年被马丁五世提拔为大主教，这是佛罗伦萨历史上第一位获得如此殊荣的枢机主教。据大教堂博物馆 1441 年与 1449 年的文献记载，这件“饰有几个银色人像的黄铜权杖”是“1441 年 8 月菲利波·科尔西尼阁下”捐赠给大教堂的，此外还记载米开罗佐曾以 3 里拉 17 索尔多的价格对“科尔西尼的圣器权杖头饰部分进行修复”。

大理石，其中雕刻复制品的材料为石膏

328 cm × 560 cm

卢卡·德拉·罗比亚

《唱诗班唱台》（上有 19 世纪方形雕刻的复制品）1431—1438

在大教堂圆顶工程顺利开展的同时（圣母大教堂的新址落成仪式也指日可待），逐步委托创作的装饰品列表中也添加了两个《唱诗班唱台》，均欲用来承载管风琴与唱诗班成员，摆放在大教堂两个圣器室的门上方。第一个唱台的创作合约由卢卡·德拉·罗比亚在 1431 年签署，当时大教堂圆顶即将完工。卢卡以石棺的结构来设计他的唱台，正面由四块浮雕组成，两侧还有另外两块浮雕，浮雕间用科林斯柱式双重壁柱隔开。整个结构由五个莨芳花叶状的大型托座支撑，托座又隔开了另外四块浮雕。也许是受布鲁内莱斯基的影响，整个设计充满了古典气息。实际上布鲁内莱斯基的风格影响了大教堂中的每一件作品。八幅浮雕的画面讲述了《圣经·诗篇》中关于耶路撒冷神庙内圣乐演奏的场景，其中第 150 节的诗句被刻在了边框上。诗句用大写字母雕刻而成，是卢卡为表达对古典的崇敬之情，在碑文家兼朋友尼科洛·尼科利的设计帮助下完成的。这是 15 世纪最早重现古罗马碑文的优秀作品之一。

卢卡·德拉·罗比亚

《年轻的唱诗班成员》(唱诗台原方形浮雕)1431—1438

大理石
120 cm × 64.5 cm

卢卡·德拉·罗比亚用一群儿童与少年来表现《诗篇》第150节的内容，开启了佛罗伦萨艺术关注孩童生理与心理状态的新纪元。到15世纪后半叶，由于城市中出现数量众多的年轻兄弟会成员，佛罗伦萨艺术也以全新的角度来看待儿童与青少年。在唱诗班唱台左侧的这块方形雕刻上，作者刻画了正在唱弥撒曲的大教堂年轻学员，而真正的唱诗班成员们就站在教堂大祭坛上方的唱诗台上。瓦萨里曾说过的一段话可作为对该作品的评论:“卢卡在一些故事画面的底部刻画了唱诗者们不同的演唱方式。他进行了大量的研究，观察得十分详细，尽管唱诗台距离地面16英寻(约29米)高，但我们依然可清晰看到歌唱者鼓起的喉咙，以及掌握音乐节奏的人在年幼者肩上打节拍的手。总之，他刻画了各种声音、歌曲、旋律及其他能令人感受到音乐带来的快乐的动作。”本页这件浮雕及其他浮雕作品，都借鉴了古罗马石棺及祭坛的创作风格，展现了卢卡对古文化的喜爱与巧妙利用。有些人认为卢卡是南尼·迪班科的徒弟，他的这种热情也许正是从南尼那里继承而来的。

大理石
98.5 cm × 94 cm

卢卡·德拉·罗比亚

《手鼓与钹的演奏者》（唱诗台原方形浮雕）1431—1438

拉丁文版的《圣经》包含了《诗篇》150节，卢卡·德拉·罗比亚用雕刻表现了这些富有诗意的诗句（最后两节诗雕刻在浮雕下方），画面由“法定的”神圣音乐组成，召唤信徒们以各种乐器来赞美上帝。“要用角声赞美他/鼓瑟、弹琴赞美他/击鼓、跳舞赞美他/用丝弦的乐器和箫的声音赞美他/用大响的钹赞美他/用高声的钹赞美他/凡有气息的，都要赞美耶和华。”这件浮雕正好对应诗句“用大响的钹赞美他/用高声的钹赞美他”。画面中还有小孩正在仰望天空。当这件作品被安放到大教堂中时，小孩仰望的仿佛是刚刚完工的布鲁内莱斯基的圆顶。这件唱台作品以及多那太罗的唱台作品一直保留在圣器室的门上方，直到1688年被拆除，为僭主斐迪南·德·美第奇的婚礼装饰留出空间。

卢卡·德拉·罗比亚

《跳舞的儿童》(唱诗台原方形浮雕)1431—1438

大理石
98.5 cm × 94 cm

这幅浮雕对应了《诗篇》150 节中让人们用跳舞来赞美上帝的诗句，在这里卢卡·德拉·罗比亚刻画了一个充满和谐氛围的场景，其中纯真的狂欢表现了佛罗伦萨人对早在 1296 年就已规划好的教堂在 150 年后终于建成的喜悦心情。不过除了公众对唱诗台的喜爱以及对集体力量的赞美外，我们也许还应该留出一点空间对这件欧洲首次系统探索儿童内心活动的艺术作品给予赞美，因为在过去的几个世纪里儿童的死亡率还是相当高的。实际上，如果从布道坛望向唱诗台，可以看到俊美喜悦的儿童与少年正站在大教堂的“天空”，即布鲁内莱斯基设计的圆顶中。当时有一篇文章——佛罗伦萨人文学家詹努佐·马内蒂的《安慰丧子的对话》讲到，1438 年（正是卢卡·德拉·罗比亚完成唱诗台的年份）作者失去了年仅 4 岁的儿子安东尼奥，认为就如同耶稣为朋友拉撒路的逝去而哭泣一样，丧子之痛无法比拟，旁人亦无法体会。

多那太罗

《唱诗班唱台》1433—1438

白色大理石，镶嵌物，斑岩，铜

384 cm × 570 cm

1433年，就在卢卡·德拉·罗比亚接受委托创作第一件唱诗台大约两年后，多那太罗被邀请前往创作第二件唱诗台。两件作品均以儿童形象来表现音乐带来的喜悦之情，令人不禁猜测这其中存在着统一规划。多那太罗签署的第一个合同规定他须像卢卡·德拉·罗比亚一样用方形浮雕来设计外观，这让上述有关统一规划的猜想更加可靠有力。事实上，在普拉托大教堂的外部布道台上，多那太罗便再次重复了这些人物雕像。而在这件作品中，多那太罗却希望与卢卡·德拉·罗比亚的唱诗台区分开来，在中楣上创作了一群儿童舞者的连续画面。整个舞蹈画面在由双柱支撑的虚设柱廊下延展开来，但与其说是舞蹈，不如说是一群醉酒作乐的异教徒在纵情奔跑。卢卡·德拉·罗比亚的唱诗台表现了犹太诗篇中的诗句，而多那太罗则仿佛想通过这些狂欢的小人来展现人类放纵肆意的一面。唱诗台上的许多其他装饰元素也表现了同样的主题，在整个表面镶嵌了大量的金色马赛克，意在令唱诗台看起来具有碎片效果，更显生动，增强人物狂欢的视觉效果。

在唱诗台中楣的雕刻连接处，多那太罗展示了他的“浅浮雕”的高超技法（即在表面上以最小的厚度进行雕刻，与卢卡·德拉·罗比亚的“高浮雕”正好相反），以及从古代雕刻艺术中借用来的“湿衣褶”技法，用最小的厚度变化来营造强烈的空间立体感。

按照大教堂原先的布局，在离唱诗台下方几米远的布道台上的烛光映照下，金色马赛克将跃动起来，呈现出精妙绝伦的效果。瓦萨里对此大为赞赏，评论道：“那些人像……看着就像真实的一样，充满动感。”

与这件唱诗台浮雕相关的文献中特别提到了凸出结构下的两个铜制头部。与作品的其他细节一样，这两个头部也是以古代雕像为模型。事实上，多那太罗曾与布鲁内莱斯基一起在罗马学习古典雕塑，他比同时代的任何其他人都要更了解古代艺术。

卢卡·德拉·罗比亚

《逻辑》1437—1439

大理石

81.5 cm × 68.5 cm

这件《逻辑》是1437年5月30日由大教堂委托卢卡·德拉·罗比亚创作的五幅六边形浮雕之一，于1439年5月19日前完成，在这天圣母百花大教堂委员会将之前协商好的款项支付给作者。这“五幅大理石故事”（当时有一份文献这么称呼这些六边形浮雕）补充完成了一个世纪前安德烈亚·皮萨诺为钟楼底部创作的浮雕系列。这些浮雕表现了“自由艺术”——又称“人文教育”，是当时教育科目的组成部分，包括逻辑（即哲学）、文法、算术、音乐与天文等。在1568年第二版《艺苑名人传》中，瓦萨里对这幅浮雕进行了精辟的解读，指出画面中正在激烈辩论的两个人为柏拉图和亚里士多德，而这两个人正是古希腊传统哲学的两个门派的创始人，他们的思想是整个中世纪和文艺复兴时期文化知识的基础。在这幅浮雕完成后的几十年里，佛罗伦萨人文学家们纷纷对柏拉图的思想进行挖掘，美第奇家族的朋友、牧师马尔西利奥·费奇诺对这位古希腊思想家的作品进行了宗教解读，认为其中包含真正的“柏拉图神学思想”。

卢卡·德拉·罗比亚

《文法》1437—1439

大理石

81.5 cm × 68.5 cm

在文艺复兴的概念里，人们用逻辑与他人进行沟通的基础，是从小学习拉丁语所获得的自我表达能力。这正是这幅浮雕所表现的主题：15 世纪初的两个年轻人坐在老师面前学习拉丁文法。每个年轻人手中都有一本书，外面的这个正在做笔记，而另外一个抬头望向老师，以跟上老师讲解的内容。老师则坐在一张稍微高一些的长板凳上，面前摆放着一张斜面书桌作为讲台，从容优雅地授课，姿态庄严，手势充满了仪式感。老师身着“学者”的长袍（也有可能是神职人员的），年轻人则身穿短衣和长筒袜。此外，这位老师其实具有具体的身份，他叫多纳图斯，是公元 4 世纪的古罗马文法学家、圣吉罗拉莫的老师，也是中世纪和文艺复兴时期最多人学习的课本作者之一。从古罗马晚期到文艺复兴时期，拉丁语文法书的基础实际上是多纳图斯所著的讲解句法与语法的课本《小艺》，而他本人也更多地被称作“多纳托”。背景中有一扇半敞开的门，意在表明通过文法可以进入其他领域学习。

在 15 世纪，一些学者试图讲授真正的古拉丁语，而非古罗马帝国晚期和中世纪“变味的”拉丁语。在这些“改革者”中，有 1407 至 1421 年活跃在帕多瓦的加斯帕里诺·巴里查，还有瓜里诺·达韦罗纳，后者写的课本在 15 世纪初的威尼斯地区被使用。

实际上这个年轻人也至少能够被“识别”出所在的社会阶层。精致而优雅的服装说明了他的佛罗伦萨高层资产阶级身份，而正是从那个时期起，家庭背景优越的青少年都会请来人文学家做家庭教师——更准确地说是文化导师。15 世纪末，洛伦佐·美第奇的儿子们就是以波利齐亚诺为家庭教师的。

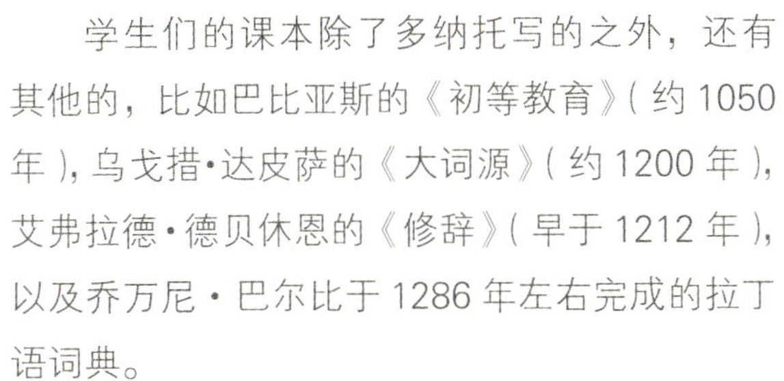

学生们的课本除了多纳托写的之外，还有其他的，比如巴比亚斯的《初等教育》（约 1050 年），乌戈措·达皮萨的《大词源》（约 1200 年），艾弗拉德·德贝休恩的《修辞》（早于 1212 年），以及乔万尼·巴尔比于 1286 年左右完成的拉丁语词典。

多那太罗

《忏悔的圣玛达莱娜》1453—1455

经过雕刻、镀金与绘制的木头
高 188 cm

这尊雕像表现了圣玛达莱娜通过忏悔从罪恶中得到净化，而她的众所周知的美貌也因此失去。这件木制作品创作于作者晚年，据记载，从 15 世纪末期起它被放置于圣洗堂中，而其本身也极有可能就是为圣洗堂而作的。在佛罗伦萨艺术与思想中，玛达莱娜就是圣施洗约翰的女性化形象，这两个人物都奉行苦行主义，在荒野中决定放弃人类生活的一切舒适条件以追寻上帝的脚步。从外表上看，这两个人也有相似之处，他们皆因自我禁食而显得面容憔悴，从不穿华贵的衣服，而以最原始的方式来装扮自己：约翰穿的是动物的皮毛，而玛达莱娜更是以自己的头发裹身。这尊雕像展现了极端的表现主义风格，在当时那个复兴古典主义的时代显得颇为惊人，作者多那太罗仿佛想把人们带回中世纪，以至于有一些学者提出这件《忏悔的圣玛达莱娜》标志了多那太罗晚年艺术风格的深刻转变。也许是在萨沃纳罗拉布道的影响下，作者如同几十年后的桑德罗·波提切利一样，因个人宗教信仰转变和忏悔而导致风格发生变化。同样的转变也发生在米开朗琪罗·博那罗蒂身上。

经过雕刻、镀金与绘制的木头
高 188 cm

多那太罗

《忏悔的圣玛达莱娜》（局部）1453—1455

尽管玛达莱娜鬼怪般骨瘦如柴的脸上流露着痛苦——这从她的线条凸出的鼻子、下巴、几乎盖住脸部的一绺绺头发以及半张开的嘴巴可明显看出来，她的眼睛依然闪烁着内在的光芒，仿佛是多那太罗希望借此提醒他同时代的人，正是这个女人在复活节黎明的曙光中看到了复活的耶稣。这尊雕刻散发出来的安详平和与带有些许希望的气息，实际上正是复活的力量所赐予的，也是心灵皈依后最重要的收获。雕像最开始可能被安放在圣洗堂中复活耶稣的马赛克像下方，意在向信徒们传递一个感人而意味深长的讯息，即放下罪恶，完成洗礼圣事，从内心深处体会复活赐予的力量。后来德西代里奥·达塞蒂尼亚洛和菲利皮诺·利皮又对其进行模仿，创作了新的雕像，但多那太罗的这件作品在表现人物的极致感情、透过躯体展现人物精神世界方面无可比拟。此外，玛达莱娜祷告的双手只是相互靠近，并未碰触，恰到好处地营造出手掌凹陷的阴影效果和躯体上的光影效果，令人印象深刻。

多那太罗

《忏悔的圣玛达莱娜》(背面图)1453—1455

经过雕刻、镀金与绘制的木头
高 188cm

在中世纪晚期的宗教中，玛利亚·玛达莱娜与那个因深受耶稣“喜爱”而得到宽恕的罪人被混淆在一起，实际上一个是马大和拉撒路的姐姐，一个是在法利赛人家中为耶稣洗脚并用自己的头发去擦干的人——她也是那个经常出现在耶稣十字架脚下披散着金色头发以示哀悼的玛达莱娜。多那太罗根据传说选取了玛达莱娜退隐后过上默祷生活多年后的情形，意在突出“之前”与“之后”的鲜明对比，以及皈依基督教后放弃物质生活以追寻精神修行。为此，多那太罗重拾中世纪肖像的规格大小，赋予其表现主义形式和风格。玛达莱娜曾经体态丰满、衣着华丽的躯体如今已瘦得皮包骨头，全身只由一团乱糟糟、油乎乎、如同湿抹布般的头发裹住。整个人看起来与其说是由木头雕成的，更像是要融化一般，因为光线从她身上掠过却从不停留。1966 年水灾后进行的清洁使雕像头发上的镀金层重见天日，这层镀金层应该是当时作者用来突出上面所提到的对比效果，以及突出为宗教献身的外表美与重新为人所知的内在美的。

大理石
98 cm × 31 cm

乌尔巴诺·迪彼得罗·达科尔托纳

《手持花瓶的天使》15 世纪后半叶

“这件立在圣水钵中的小雕像，展现的是一位手持花瓶的天使，是近代才被放置于此的，用于代替原来破损不堪的雕像。”这段话出自福利尼和拉斯特雷利写于 1790 年的《佛罗伦萨旅游手册》，手册中介绍了这个优雅的小天使雕像：“它位于大教堂中殿第一根柱子上朝南的一个精美的 14 世纪圣水钵正中央。”这段话同时也暗暗提出了关于这尊雕像的两个问题，一个是这件“近代”才被替换上去的优秀作品原先的位置，另一个是作品的创作时间和作者。尽管朱莉娅·布鲁内蒂认为作者为科尔托纳雕刻家的观点得到了普遍认可，但上述问题依然未被彻底解决。而这件作品本身值得关注的是复古的创作手法：刻画了一个捧着花瓶倒水的人物形象（在古罗马传说中，仙女常以此形象出现），以及中世纪的创作风格。作者希望通过赋予 14 世纪阿诺尔福风格使作品与圣水钵和大教堂完美融合。这种新中世纪主义使这件小雕像至少在理念上与 15 世纪中后期佛罗伦萨的其他作品——比如多那太罗的《忏悔的圣玛达莱娜》——具有一定的共通之处。

里纳尔多·迪乔万尼·迪吉诺

《珊瑚还愿瓶》1447

珊瑚，镀金雕刻银制品

66 cm × 30 cm

这个还愿瓶上的精致细节体现了从古到今佛罗伦萨金银匠们过人的创造力。

在这件精美别致的瓶子支架上，刻有这样一行字——“阿尼基诺·科尔索从摩尔人手中获得这件珊瑚战利品，献给这个神庙”。18 世纪时，一位学者在圣约翰洗礼堂发现了这个“还愿瓶”，因此这里的“神庙”指的应该就是圣约翰洗礼堂了。但有关阿尼基诺·科尔索和他与摩尔人之间的战斗——大概类似第勒尼安海上的海盗之战——的资料却无迹可寻。而这个光彩夺目的底座本身则来历简单，是由当时圣洗堂的保护行会——商人行会资助创作的，1447 年该行会支付“1518 佛罗伦萨币给里纳尔多·迪乔万尼·迪吉诺及其金银匠助手，用于制作镀银铜座与烫金的珊瑚银制托架”。里纳尔多·迪乔万尼·迪吉诺是当时活跃在佛罗伦萨新市集一带的金银匠与珠宝商，在 1430 年前后曾为教皇尤金四世工作过，还为其制作了金玫瑰，1439 年佛罗伦萨圣公会时教皇通过拉努乔·法尔内塞将该玫瑰赠予圣

约翰洗礼堂。这件金玫瑰与里纳尔多的其他作品一样，未能保存至今，因此大教堂博物馆的这个还愿瓶就成为研究 15 世纪前半叶佛罗伦萨金银器皿历史的宝贵资料。

镀金雕刻银制品，花岗岩
28 cm × 22 cm

佛罗伦萨金银匠

《圣骨盒》15 世纪末

自从仿古艺术家进入佛罗伦萨建筑领域后，金银匠们的哥特式风格也随之转变。

一位在花岗岩加工领域颇有造诣的匿名金银匠大师以木头为支撑，创作了这件圣骨盒作品。这也许是 18 世纪历史学家戈里在圣洗堂中见到的两件作品之一，他曾这么描述道：“两件古老的小匣子，表面缀满了铠甲状的各式珍贵卵石。”作品的形状令人想起安德烈业・韦罗基奥那极具盛名的“痛风病人”皮耶罗・美第奇的骨灰盒——他是“伟大者”洛伦佐的父亲，死于 1469 年。因此这件圣骨盒的创作时间应晚于上述年份，处于“洛伦佐黄金时期”的末期，那个年代人们追求奢华，力求所有艺术的形式都高雅、讲究。作品如同童话中的物品般精致、可爱，很容易令人想到桑德罗・波提切利或列奥纳多・达・芬奇年轻时的作品，也预示了后来美第奇家族对花岗岩作品的热情。这件作品同时也是城市守护神圣施洗约翰节时用于展览的圣骨盒之一，被摆放在专门为节日而创作的“银色圣坛”上，与圣洗堂中的“精神宝藏”——由不同艺术家在不同时期制作的存放着圣人圣物的圣骨盒一起，接受佛罗伦萨民众的膜拜。

佛罗伦萨众艺术家

《银色圣坛》1367—1483

雕刻银制品，局部镀金，搪瓷制品

115.7 cm × 268.4 cm

这件由多位艺术家（莱奥纳尔多·迪塞尔·乔万尼、贝托·迪杰里、克里斯托法诺·迪保罗、贝纳尔多·琴尼尼、安东尼奥·迪萨尔维、米开罗佐·迪巴尔托洛梅奥、安东尼奥·德尔·波拉伊奥罗、安德烈亚·德尔·韦罗基奥）共同完成的圣约翰银色圣坛是1366年商人行会委托贝托·迪杰里和莱奥纳尔多·迪塞尔·乔万尼为大型庆典创作的圣洗堂装饰品。这并不是一个真正的“圣坛”，而只是一块圣坛的面板，由正面和两侧的嵌板构成。这三个部分全部都布满了微雕建筑、历史浮雕和银制人像，表面覆有厚实的镀金层，并嵌入了搪瓷制品。就在作品创作的两年前，即1364年，佛罗伦萨战胜了宿敌比萨，为其商业贸易打通了必要的海上通道，因此这件作品的创作目的在于以实际形式向城市的守护神圣施洗约翰表达感激之情，同时也是为了展示佛罗伦萨共和国雄厚的财力。正如圣坛正面所刻，作品于1367年开工（按佛罗伦萨旧历计算应为1366年，每年从3月25日算起）到15世纪，在多位文艺复兴早期艺术大师的参与下完成。平时这件作品被保存在大教堂博物馆内部的橱柜中，只有到每年的圣约翰节（6月22、23、24日）和赎罪节（1月12日）才在圣洗堂中进行展览。

安德烈亚·德尔·韦罗基奥

《圣施洗约翰的斩首》1478—1479

雕刻银制品

42 cm × 31.5 cm

祭坛方案从最初的哥特式风格演变到最后的佛罗伦萨文艺复兴鼎盛时期风格，这个变化在最后的这件浮雕作品中一览无余。画面中立体的构图、仿古的建筑与戏剧化的情感——与14世纪冷静平面的装饰主义截然相反——影射了韦罗基奥的学生列奥纳多·达·芬奇的艺术风格，后者于15年后在米兰用相似的元素创作出了作品《最后的晚餐》。作为祭坛上最著名的浮雕，这件作品却被摆放在不显眼的位置，原因是祭坛在长时间的创作过程中才慢慢确定下最终布置方案。祭坛左下方展现的是《圣约翰离家》和《圣约翰向人群祷告》，左上方讲述的是《圣约翰认出耶稣为“上帝的羔羊”》以及《圣约翰为耶稣施洗》，右下方描述的是《圣约翰为民众施洗》和《门徒们到监狱中看望圣约翰》，右上方是《圣约翰在希律王面前》以及《耶稣迎接约翰的信使》。而被搁置在祭坛两侧的方形浮雕表现的则是《撒迦利亚领报》《圣母访问》和《圣约翰的诞生》，在右侧我们还可以看到《希律王的宴会》以及韦罗基奥的这件《圣施洗约翰的斩首》。

安东尼奥·德尔·波拉伊奥罗及其助手

《十字架》1457—1459

錾刻、雕琢并上釉的银制品

205 cm × 50 cm

在佛罗伦萨圣洗堂为节日庆典而展览的金银制品中，最著名的莫过于安东尼奥·德尔·波拉伊奥罗及其助手（米拉诺·迪多梅尼科·德伊、贝纳尔多·琴尼尼、贝托·迪弗朗切斯科·贝蒂）在1457至1459年创作的银制大十字架，里面保存了耶稣圣十字架的一块碎片。这块碎片几个世纪以来都归属商人行会，但另一块属于羊毛行会（商人行会长期以来的竞争对手）的十字架碎片到达佛罗伦萨后却盖住了它的光芒——1453年君士坦丁堡被土耳其人攻陷，羊毛行会从一位出逃的希腊人手中购得了一块十字架碎片，保存在一件精美的圣器中献给了该行会所保护的大教堂。于是制作新圣器的任务被分给了不同的艺术家，十字架的制作由贝托·迪弗朗切斯科·贝蒂完成，光芒四射的底座则交给了安东尼奥·德尔·波拉伊奥罗和米拉诺·迪多梅尼科·德伊。储藏有圣十字架木头碎片的匣子被放置在十字架交叉点的中央，而十字架与底座的连接处塑造的各各他山，正位于设有塔楼的耶路撒冷城墙上。而在威尼斯圣马可教堂中另一件由波拉伊奥罗创作于14世纪的十字架圣器上，我们可以看到同样形状的大烛台、外部的两个祷告者，以及使用十字架连接处的神龛。

这件十字架由银雕成，局部浇铸，并装饰有已部分脱落的半透明搪瓷制品。整个作品呈大烛台状，伴有两只烛臂，宽大的涡形台上立着圣母玛利亚与约翰的雕像。十字架的臂端呈罗盘状，曾一度也装饰有搪瓷制品。

底座上是各各他山，上面刻有亚当的头颅，位于设有塔楼的耶路撒冷城墙上。细微处表现的主题有先知们的救赎预言（背面）、圣约翰的救赎预言（神龛宝座上）、降世为人（圣母领报亦被刻画出来）和基督受难。

大烛台的连接点是一个六边形的神龛，或者说是小圣堂，上面刻有先知们的小雕像（正面与后面的中央均为圣施洗约翰），明显仿照了布鲁内莱斯基教堂圆顶的灯笼天窗；底部则刻有商人行会的标志，支撑着鸟身女妖，其扭曲的尾巴上立着虔诚的天使雕像。

安东尼奥·德尔·波拉伊奥罗

《圣施洗约翰的诞生》1466—1480

丝线锦缎

30 cm × 22 cm

作为15世纪最出色的刺绣作品之一，这组绣有历史故事的挂毯一共由27块方形锦缎构成，是祭祀人员礼服上的图案，于每年6月24日在圣洗堂内举行圣约翰弥撒时穿着。这些方形刺绣用金线和彩色丝线缝制而成，在博物馆中放置在礼服上以垂直方向和水平方向两种方式进行展览，这些礼服分别是两件主教法衣、一件教士无袖长袍和一件神父祭衣。刺绣上的图案展现了施洗约翰一生中的重要事件，构成了完整的人物索引，观看者可从中一一辨认。图案由安东尼奥·德尔·波拉伊奥罗设计（商人行会从1466年起将此任务委托给他），用印花粉印在布面上。针线的勾勒则由一整个刺绣团队完成，包括荷兰的科皮诺·迪乔万尼·迪马林、威尼斯的皮耶罗·迪皮耶罗、法国的尼科洛·迪雅各布，以及佛罗伦萨的安东尼奥·迪乔万尼。这些人应该是在保罗·达韦罗那的指挥下统一进行工作的，瓦萨里认为他才是这件作品的实际执行人。画面以“密点”的方法织成，即在水平金色纬线上绣上细密的垂直线，这样可以使得整个画面呈现出微妙的色彩和光线变幻效果。可惜的是，这些刺绣作品没能被精心保存起来，大多数丝线已被腐蚀，大片的肉粉色其实是颜色脱落的空白部分。

安德烈亚·德拉·罗比亚（工作坊）

《水果花环中的上帝羔羊》

上釉的彩色陶土
直径 95cm

这是主管教堂管理委员会中权力强大的组织——羊毛行会的标志，后来又延伸成为教堂管理委员会本身即圣母百花大教堂博物馆的标志。画面上的羔羊头顶光环，擎着十字旗，令人想起佛罗伦萨的保护神圣施洗约翰曾称呼耶稣为“上帝的羔羊”，是即将要来为民众赎罪献身的动物。因此这件作品代表了佛罗伦萨、为他人献身的精神以及再明显不过的羊毛（羊毛行会的主要产品）。而十字旗是耶稣最终战胜死亡的标志，与包围住一切的花环一起，暗示了《圣经·新约》中描述的耶稣复活场景：天上的人群高呼“曾被杀的羔羊是配得权柄、丰富、智慧、能力、尊贵、荣耀、颂赞的”（《启示录》5：12）。这件作品在 15 世纪末专门为教堂管理委员会所作，即现在的博物馆所在地，代表了当时在大教堂完工后的几十年里人们满溢的骄傲之心。这个标志同样可以在博物馆委托完成的同时期的物品和微型书画上看到。

保罗·迪乔万尼·索利亚尼

《被称为“小书”的圣骨盒》1500—1501

局部镀金和上釉的银制品

90 cm × 46 cm

这件藏有真正耶稣十字架碎片的圣骨盒，既代表了耶稣受难（圆圈中间），又代表了耶稣复活（站立的小雕像）。

这件被普遍称为“小书”的圣骨盒实际上是文艺复兴时期一件大型的圣骨盒，里面保存了真正的圣骨，而“小书”实际上指的是14世纪后半叶法国制造的一块折板，由金子、珐琅、珍珠、红宝石以及一小块双面羊皮纸微型画组合而成。经过雕刻、镀金、上釉打造而成的银制圣骨盒呈现出文艺复兴式的神龛造型，由中心对称的方形裂叶底座和双涡形装饰托架支撑，上面装饰有博物馆所属的羊毛行会的珐琅标志。所谓的神龛，或者说小神庙，是一个四面打开的盒子，人们可以看到折板中的所有小隔层；每一面都有一个古典的柱顶横檐梁建筑结构，上方放置了两块画有使徒画像的圆形珐琅。而神龛正面就像一个舞台前景一样，装饰了两尊展现“圣母领报”的银制小雕像，雕像间由一个装有茛芳花叶的坛子隔开。而圣骨

盒的上方则是一个精致的弦月窗，中间有个圆圈画着哀悼中的耶稣，两边是朝拜的天使。最后，在整件作品的最顶端，我们可以看到一尊复活的耶稣雕像，而四角则有几个微小的老鹰浮雕。

金子、珍珠、红宝石、羊皮纸
24.4cm×7.5cm

法国金银匠

《圣骨盒上的“小书”》1371

圣骨盒的原型（即“小书”）由多行三折窗组成，里面保存了72块微小的圣骨和位于中空部分的几件与耶稣受难相关的圣物，背面刻有法语，大意为查理五世国王将这件圣骨盒和圣物赠给他的兄长——安茹王国的第一位公爵路易，这些圣物包括从圣礼拜堂获取的圣器、上帝的圣血、神迹的圣血、耶稣的王冠、真正的十字架、铁矛、木板、耶稣长衣、朱红色斗篷、耶稣进餐时所束的绸缎、权杖、婴儿襁褓、尸布、刻有十诫的摩西石板、海绵、摩西的手杖、系在杆上的铁链、从圣但尼处获取的钉子、石柱、鞭子。这个圣骨盒由锡耶纳主教皮科洛米尼、未来的教皇庇护三世从美第奇家族手中购得，1495年又被商人行会从这位主教手中买下，几经辗转，这件绝世罕见的圣物收藏品才最终来到圣洗堂成为藏品。1465年这件作品曾被登记在“痛风病人”皮耶罗·美第奇名下的财产清单中，但极有可能在14世纪末的时候已经被1382年死于那不勒斯的安茹公爵带到了意大利。

“记录者”西莫内·德尔·波拉伊奥罗，巴乔·达尼奥洛，朱利亚诺·达·桑迦洛

《圆顶回廊》（模型）1507

绘有图案的木材

138 cm × 98 cm

从 1450 年起，圣母百花大教堂未完成的圆顶外部回廊便广遭诟病。由艺术家巴乔·达尼奥洛负责设计的回廊建造工程无疾而终，瓦萨里讲述了米开朗琪罗当时在这个 1516 年正式开工的小回廊面前“工作时抱怨颇多……他觉得巴乔设计的这个回廊就像一个蟋蟀笼一般”。事实上回廊的设计困难重重，设计者巴乔·达尼奥洛和其他几位艺术家在 16 世纪初为此绞尽脑汁，只为求得在大教堂巨型的鼓形柱和布鲁内莱斯基的大圆顶之间加入一个作为过渡的建筑元素。布鲁内莱斯基曾将一些设计稿交给了教堂建造委员会，但瓦萨里记载，“疏于管理的委员们将这些手稿遗失了”。本页这件重新制作的模型，是博物馆收藏的模型系列中最重要的作品之一，展现了教堂回廊漫长制作过程中的第二个尝试方案，第一个方案来自安东尼奥·马内蒂·恰凯里，他是 1452 到 1460 年间教堂博物馆的首席建筑师。这个模型被摆放在 1507 年教堂建造委员会最终通过的方案旁边，曾在随后几年动工建造，之后又被中止。要在那巨大的鼓形柱上附加这么一个回廊，当中的难度之大显而易见，这从一开始就暗示了工程的困难重重。

绘有图案的木材
113.5 cm × 72.5 cm

朱利亚诺与老安东尼奥·达·桑迦洛

《圆顶回廊》(模型)

这件无法确定创作时间的作品，通过嵌入由陶立克式柱子支撑的巨大壁龛来改进整个鼓形柱的正面效果，并利用一个十分凸出的大型上楣柱来支撑起整个回廊，“揭穿”了包括前一页作品在内的1507年所展示模型的明显不当之处。这个创作思路也许是受多纳托·伯拉孟特1506年为梵蒂冈创作的新教堂启发而来，其古典式风格与大规模的建筑元素可看作对“记录者”西莫内·德尔·波拉伊奥罗、巴乔·达尼奥洛、朱利亚诺·达·桑迦洛于1507年创作的模型的修正，这也许也解释了桑迦洛在1508年离开创作团队的原因。又或者像一些人所猜测的那样，这些改进展示了创作者们在经历米开朗琪罗批评和巴乔·达尼奥洛工程停工之后重新思考得到的结果。相比16世纪第一个十年的风格，该模型与16世纪第二个十年的风格更相符。同时也只有这个模型加入了布鲁内莱斯基自创的“半封闭的布道台”元素，即嵌入古典主义色彩浓厚的深壁龛，这也证明了该模型正是创作者们对以往作品进行重新思考后得出的结果，因为在1507年时人们仍然认为那只是对布鲁内莱斯基一种理想化的致敬。

巴乔·班迪内利与乔万尼·班迪尼

《男性形象浮雕》1547—1572

大理石

98 cm × 36 cm

这块浮雕是1842年从16世纪建造的唱诗台中拆除的物品之一，当时正值整个大教堂进行全面修复，人们决定拆除内殿围栏上多余的部分，将用来支撑“棚架式”横梁的柱子底部凸出的部分去除。这些被拆除的浮雕都是佛罗伦萨风格主义流派的杰出作品，就像本页这件作品一样，上面刻有身形巨大而匀称的神秘裸体形象，身披长袍，姿势复杂，身体扭转，深受米开朗琪罗的影响。不过对比起米开朗琪罗的作品，班迪内利手下的人物少了几分自然，多了一些审美上的迎合。这是16世纪中期佛罗伦萨真正的“矫饰主义”作品，作者热衷于创作出“做作”而“有难度”的作品。现在我们在大教堂中看到的只有唱诗台的遗迹，但巴乔·班迪内利与乔万尼·班迪尼在1547至1572年间为唱诗台创作的围栏与之完全不同，它是一个装饰丰富的结构，包括大理石制作的支柱、四个雕刻的半圆拱、祭坛上高大的塑像以及80多幅浮雕。瓦萨里记载，创作者巴乔·班迪内利说服了资助人佛罗伦萨的年轻公爵科西莫一世·美第奇，称这件杰作能将让公爵“留下永恒的作品与美誉”。

米开朗琪罗·博那罗蒂

《哀悼基督》1545—1555

大理石
高 226cm

这件宏伟的大理石作品《哀悼基督》具有鲜明的个人特点，由米开朗琪罗在 1545 至 1547 年着手动工，1555 年才完成。在这尊雕塑里，支撑基督身体的老年尼科代莫正是作者的自画像。同时代的传记作家阿斯卡尼奥·孔蒂维和乔尔乔·瓦萨里记载，米开朗琪罗欲将这件雕塑放置在他未来所埋葬的教堂的祭坛上作为纪念墓碑，这里的教堂指的应该是位于罗马的圣母大教堂。他甚至构造了一个祷告的场景，其中“资助人”（即米开朗琪罗自己）拥有了《圣经》人物的特点。这个人物意义特别，当时的米开朗琪罗年岁已高，对死亡的到来颇为在意，他把自己画成“夜里来见耶稣”只为询问“人已经老了，如何能重生呢？岂能再进母腹生出来吗？”（《约翰福音》3：4）的老年尼科代莫的形象。由于大理石不够理想的缘故，米开朗琪罗在 1555 年放弃了这件作品的创作，把它给了助手蒂贝廖·卡尔卡尼，后者又于 1561 年将作品卖给了米开朗琪罗在罗马的仰慕者——雕刻家弗朗切斯科·班迪尼。这件《哀悼基督》在 1671 年来到了佛罗伦萨，并于 1722 年被摆放在圣母百花大教堂中。1985 年该作品被从大教堂转移到了大教堂博物馆中。

米开朗琪罗·博那罗蒂

《哀悼基督》1545—1555

大理石
高 226cm

这件从16世纪40年代开始创作的《哀悼基督》与圣彼得大教堂中那件50年前便完成了的作品相比，无论从风格还是表现手法上都有着巨大的差别，因此把二者进行对比十分困难。与这件《哀悼基督》创作日期相距较近的是米开朗琪罗在1544至1546年为朋友维多利亚·科隆娜所画的一张图稿，现收藏于波士顿。那张图稿与这件作品相似，耶稣的身体即使处于死亡中也拥有权力，被他身后上方的人支撑着，这个人物位于整个构图的顶端，成为该事件的神力诠释者。在给维多利亚·科隆娜的图稿中这个诠释者是圣母玛利亚，而在这件为自己坟墓而作的《哀悼基督》中诠释者则是米开朗琪罗自己，以尼科代莫——那个想要重获新生的老人的面貌出现。所以，米开朗琪罗在这里换掉了图稿中的圣母玛利亚形象，保留了耶稣的身体从另一个人身上“诞生”的形式。这位令人动容的老人，为了获得重生，“诞下”了耶稣。这就是米开朗琪罗生命中最后完成的雕刻作品。还有另外一件《哀悼基督》现收藏于米兰，但并没有完成，被重新雕凿后又遭舍弃。这两件作品都反映了米开朗琪罗当时的心情，他在1554年写的一首十四行诗中承认自己不再像以前一样能够静心从事艺术创作了：“不再平静地画画或者雕刻了 / 灵魂只望向天主 / 他显现在我们面前，拥抱我们。”

雕刻作品最顶端的人物形象是米开朗琪罗，“替代”了圣母玛利亚成为所讲述事件的神力诠释者。在圣安波罗修的感知中，他提到“每个虔诚的灵魂都能领会和说出上帝的言语……（以及）从肉体的意义上说耶稣只有一位母亲，但从信仰上说耶稣就是万物之果”。

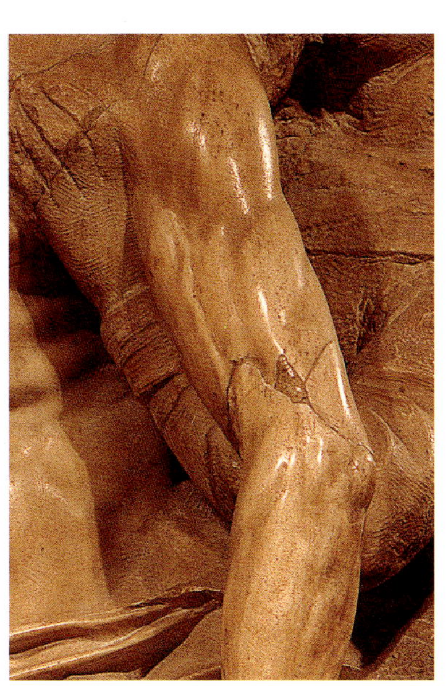

在耶稣的左臂和其他地方，我们可以看到米开朗琪罗在发现这块大理石的瑕疵时所留下的沮丧印记，这些瑕疵也使他在没有助手也不使用“补丁”的情况下无法最终完成这组作品。他失望至极，企图毁掉自己的作品，用锤子在作品表面留下了多个裂痕。这些裂痕后来被助手蒂贝廖·卡尔卡尼修复。

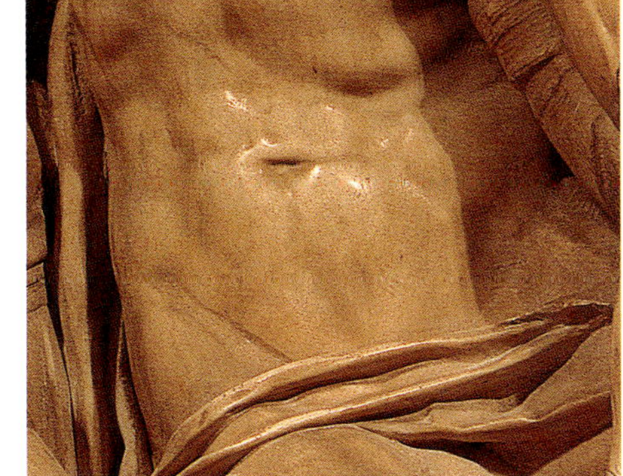

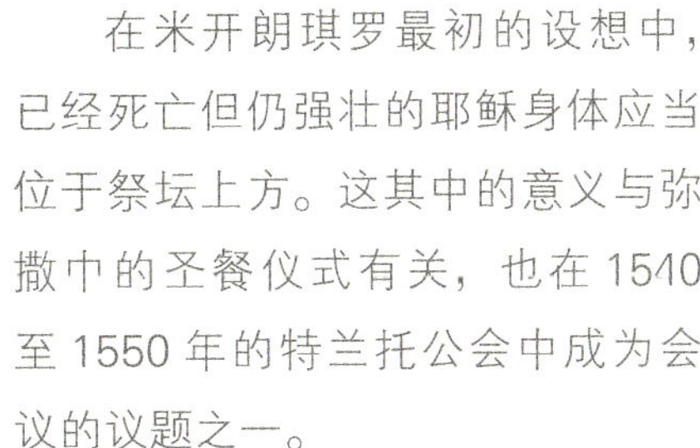

在米开朗琪罗最初的设想中，已经死亡但仍强壮的耶稣身体应当位于祭坛上方。这其中的意义与弥撒中的圣餐仪式有关，也在1540至1550年的特兰托公会中成为会议的议题之一。

安尼巴莱·卡拉奇

《法内塞祭衣》（正面）1598—1600

画有图案的刺绣缎子
129 cm × 97 cm

这件奢华的祭衣是大主教奥多阿尔多·法内塞委托安尼巴莱·卡拉奇制作的。当时卡拉奇正为法内塞这个统治家族在罗马的宫殿长廊创作壁画，而这件祭衣也成了这位著名的巴洛克艺术大师唯一为世人所知的织物装饰品。这件祭衣与另一个风格相同的祭台正面装饰物（现收藏在大教堂旧博物馆中），以及安尼巴莱创作的一面装饰屏（现收藏在皮蒂宫中）一起，构成了法内塞主教于1597年命人在卡马尔多利圣居地中建造的一间小屋里的“全部家当”。拥有精湛的绣工与银色的丝线的祭衣，还有那面刻有耶稣受圣人贺颂的装饰屏，都是专为这间小屋而作的，而这些作品亦只能被唯一居住在小屋中的卡马尔多利隐士一人观赏到。近年来的研究表明这间小屋供奉的是忏悔者玛利亚·玛达莱娜，而在博物馆准备阶段，这件祭衣也计划摆放在多那太罗创作的《忏悔的圣玛达莱娜》旁边，这种有意而荒谬的对比正是建筑大师路易吉·赞盖里设计的，这位学者还发表过有关这件作品来源考证的文章，而他本人也是1999年博物馆翻新重修工作的负责人。

画有图案的刺绣缎子
129 cm × 97 cm

安尼巴莱·卡拉奇

《法内塞祭衣》（背面）1598—1600

该祭衣做工精细，画面精美，布料为堇色罗缎，上有丰富的刺绣、银色抽丝与画于丝绸上的图案。祭衣背面中间的条形方框内绣有三个尖拱形图案，最上方的是带有法内塞家族徽章元素的三朵百合与丝带，中间是一只跃起的独角兽、三株风信子与丝带，并刻有希腊文字，下方则是法内塞家族的徽章：金色的盾牌上有六朵法国百合，盾顶是一顶装饰有十二串金丝红缨的主教帽。这件祭衣是从佛罗伦萨圣母领报大教堂来到博物馆的，具体来说是从该教堂中的艺术礼拜堂圣器室来的。这个礼拜堂由当时饱受拿破仑镇压的佛罗伦萨艺术设计学院负责管理，这件珍贵的作品也是他们负责创作的。19 世纪末，这件属于艺术设计学院的作品来到了刚刚诞生的圣母百花大教堂博物馆进行保存。

托斯卡纳艺术家

《圣雷帕拉塔祭衣》17 世纪

彩丝锦缎

120 cm × 85 cm

这件富丽奢华的宗教圣衣直到几年前依然在大教堂中使用，现在正在执笔著书的神父就曾在弥撒仪式中穿过它。而已研读过这本未出版书的亚历山德罗·比基——圣母百花大教堂博闻多识的圣器看管人——则表示这件祭衣实际上是旧圣雷帕拉塔大教堂在宗教仪式中使用的挂毯上的一部分，此外还包括两件主教法衣、两条圣带、三条手带、一件长袍和一个圣布囊。这件祭衣拥有引人注目的精致用料、丰富华丽的刺绣图案和尽善尽美的编织工艺，反映了佛罗伦萨大公国时期追求奢华的品位与教堂中宗教物品的极高质量。圣衣红色的面料上用丝线织满了各种以植物为主题的图案，包括树叶、花朵以及带有橡子和树叶的小树枝。绣工十分精细，除了用彩丝和金银线层层编织外，每一针的收脚都不尽相同，使得整块布料可以形成丰富的光影效果。巨大的花环由郁金香、玫瑰、水仙、鸢尾和其他花朵组成，呈自然主义风格，体现了当时巴洛克绘画中大量使用花朵元素的偏好。饰带是用丝绸制成的，绣以金线，而最初的内衬使用的则是深红色的轻丝。

巴洛克艺术常常将精致的手工技巧（如极细的刺绣）与清新的自然元素（如花朵样式）组合在一起，形成反差效果。

绘有图案的木材
236.3cm×218.5cm

贝尔纳多·布翁塔伦蒂

《大教堂立面》(模型)1587—1589

圣母百花大教堂由阿诺尔福·迪坎比奥设计的第一个立面在13世纪末便开始建造,但尽管完工方案在15世纪已有人提出,该立面依然有三分之二的部分处于未完成状态。16世纪艺术风格的深刻转变使得人们无法再接受原先的设计方案,因为当中主要的建筑元素已然过时。于是就在短短的5个多月时间里,从1587年1月21日至7月9日,在大公爵弗朗切斯科一世·美第奇的命令下,阿诺尔福设计的立面被拆除。另一个促使立面拆除的原因是,早在1582年位于大教堂对面的主教府进行了翻新,新立面采用了詹弗朗切斯科·多西奥的设计,属于16世纪晚期“古典”风格。大教堂未完成的半截歌特式立面在这个新主教府面前相形见绌,于是一场暗中的较量就此展开。本页这个立面模型是当时大公爵最欣赏的,作者尽可能地大量使用绿色大理石,同时根据不同的建筑元素在其中适当地穿插部分白色大理石(在模型中以木材原色显示)。当时还有许许多多别的设计方案,但都因与大教堂风格不协调而未被采用,大教堂也因此直到19世纪晚期才拥有了一个规模宏伟的大理石立面。

艺术设计学院

《大教堂立面》（模型）1635

绘有图案的木材与彩蜡
250 cm × 240 cm

大公爵斐迪南二世于1633年重启建造大教堂大理石立面的工程，在1587年展示的模型中选择了乔万尼·安东尼奥·多西奥的方案。但来自艺术家们和佛罗伦萨市民的猛烈抨击使得大公爵不得不将此事交由艺术设计学院决定。1635年，该学院向公众展现了本页这个模型，并迅速将工程交给盖拉尔多·西尔瓦尼进行建造，雕刻家乔万尼·巴蒂斯塔·皮耶拉蒂负责监督管理。然而，这两位艺术家之间水火不容，二人的权力之争引发了激烈的争吵，工程从1639年起再次陷入停工状态。博物馆内所有的木制模型无一成真，若不是后来人们立起了假立面，恐怕圣母百花大教堂的立面将长期处于简陋而毫无装饰的状态。最后一个壁画立面是由博洛尼亚人埃尔科莱·格拉奇亚尼设计的，创作于1689年，专为科西莫三世的长子斐迪南与维奥兰特·迪巴维耶拉的婚礼而作，并一直保留至19世纪中期。这个17世纪的临时立面图案在18世纪印刷出版后开始为人所知，成为广场上一道耀眼的风景，与圣洗堂和主教府相得益彰，但与钟楼和大教堂周边却格格不入。随着时间的推移，壁画墙上的灰泥层渐渐脱落褪色，到19世纪中期几乎已经无法辨识。

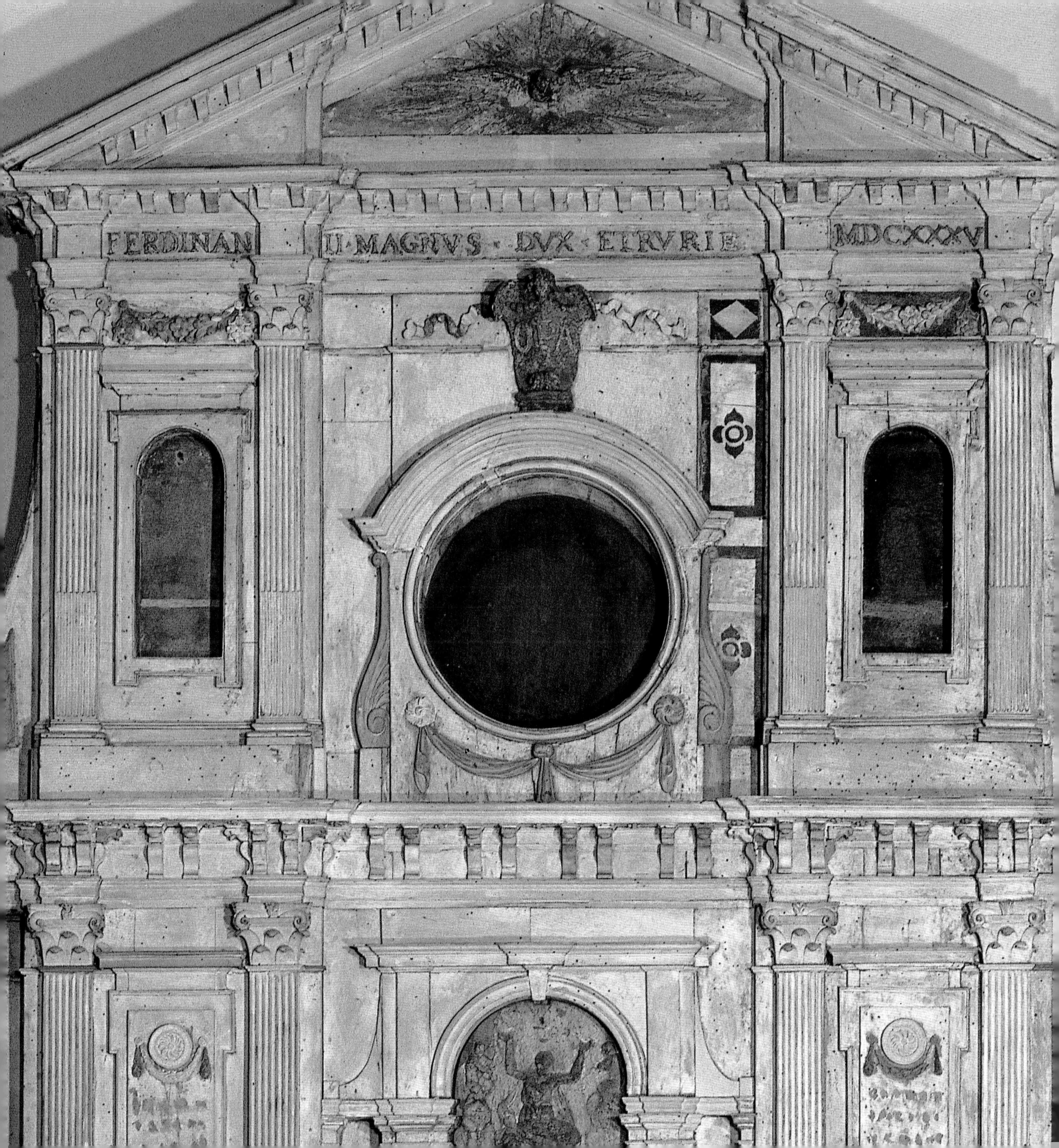
FERDINAN II·MAGNVS·DVX·ETRVRIE MDCXXXV

贝纳尔多·霍尔兹曼与科西莫·梅利尼

《十字圣器》1618

雕金、搪瓷及多种宝石
130 cm × 75 cm

这件精美的巴洛克风格十字架金银器是大公爵科西莫二世定做的，用来保存耶稣受难的圣物。其中最重要的是一块十字架碎片，由一位名叫马可·切斯提尔斯林的希腊人在1454年逃离土耳其人占领的君士坦丁堡时带给商人行会的。资料记载，就在1455年，这件圣物便出现在游行展览中了。从那时起到1615年，这块小小的十字架木块是被保存在另一个小圣器中的；但1597年的史料记载中也提到这件圣物的保存位置并不固定。于是在1615年，大公爵委托工匠科西莫·梅利尼打造一件新的圣器——一个雕金的十字架。这件作品于1618年被完成，收录进了这一年美第奇家族的年度财物清单中，尽管在作品的底座上刻的是“1620年”字样。这件新圣器里收藏了大教堂拥有的所有与耶稣受难相关的圣物，不仅有十字架碎片，还有王冠上的荆棘、十字架上的钉子、芦竹和衣服的残片，以及另一块十字架碎片。由于这件圣器在宗教仪式中经常被使用而常常损坏，所以几个世纪以来经历了无数次的修复，但幸运的是其精美的外观与极高的质量却没有因此受到丝毫影响。

压花铸银
104 cm × 29 cm

佛罗伦萨金银匠

《保存施洗约翰食指的圣器》1698

在这件作品中，圣器虽然珍贵但并不具有极高的艺术价值，反倒是圣物本身更加引人注目：圣器中收藏的是佛罗伦萨的保护神圣施洗约翰的手指，圣人正是用这根手指指着耶稣对众人说“看哪，神的羔羊”。这件圣物来源可靠，因为是 1363 年君士坦丁堡的主教菲洛泰奥献给教皇乌尔班五世的。该圣物在 20 年后

当时这种镶嵌在人像上金光闪闪的宝石常常被用来当作圣物的装饰。

遭到偷窃，但又被下一任教皇乌尔班六世身边的辅祭人员巴尔达萨雷·科夏找回，这个人后来成为敌对教皇若望二十三世。他于 1419 年在佛罗伦萨放弃了教皇的称号，决定接受教皇马丁五世的统领，并于次年在佛罗伦萨去世。这件圣人食指是这位“前教皇”（该词刻在圣洗堂中的墓碑上）最重要的遗产之一，他希望自己被安葬在圣洗堂中，因此委托他的朋友老科西莫·美第奇将这件圣物也安放在圣洗堂里。1420 年，科夏的遗书、遗产和这件圣物被正式交给佛罗伦萨共和国，由多那太罗和米开罗佐负责建造的宏伟陵墓也随即动工，这个陵墓如今依然可以在圣洗堂中看到。当时储藏这件圣物的镀金并镶嵌宝石的圣器在 1557 年的水灾中遭到破坏，一个世纪后人们又打造了一个新的圣器，即本页这件作品。

埃米利奥·德法布里斯

《大教堂立面》（草图）1866—1867

纸，彩色铅笔与水彩
137 cm × 102 cm

洛伦佐家族被驱逐后，佛罗伦萨并入意大利王国的版图，并短暂地成为王国的首都。一切喧嚣过后，这个已长达几个世纪的难题——大教堂的立面问题，又一次被摆到公众面前。1820 年，佛罗伦萨再次启动教堂立面方案的设计招标，许多人参与了竞争，无数激烈的非议与争论接踵而来，直到埃米利奥·德法布里斯递交了他的新立面方案并脱颖而出。1869 年 1 月 28 日，教堂管理委员会全票通过他的方案。1871 年 6 月 24 日，超过此前立面规模的新立面脚手架开始搭建，浇筑的地基比阿诺尔福设计的要高 228 米。德法布里斯通过仔细研究中世纪的风格与雕像，将新立面分为三个部分，每部分各有一个尖顶，如本页所示。在建造过程中，德法布里斯又对他的方案进行了多次重大的修改。他去世后，他的助手，也是大教堂博物馆的建筑师路易吉·德尔·莫罗，又对其进行了最重要的一次改进，将原来的三尖顶外形（他认为与斯堪的纳维亚风格太过接近）换成长方形大教堂风格，两边的间跨变成水平面，而中间上方的三角墙也变成古典样式。

乔万尼·巴蒂斯塔·塔萨拉

《亚伦》1882—1883

大理石
高 180 cm

1878 年，德法布里斯委托奥古斯托·孔蒂对教堂立面的雕像部分进行设计，以向圣母玛利亚致敬，突出圣母是智慧、仁慈与美德的本源。经过两年的时间，主门上的装饰基本完成，而中间壁龛里的天使雕像与圣母怀抱圣婴雕像的石膏模型则还在设计中。佛罗伦萨和托斯卡纳所有优秀的雕刻家都参与到整个雕像群的创作中来，其中乔万尼·巴蒂斯塔·塔萨拉便是本页这件引人入胜的《亚伦》的创作者。作为德法布里斯任命的“建筑工人”，塔萨拉的任务还包括原料采集：他要到普拉托的采石场采集绿色大理石，到格罗塞托和锡耶纳大量的采石场中采集红色大理石，到卡拉拉和塞拉韦扎采集白色大理石。可是由于当时挖掘大理石普遍使用爆破装置，在 20 世纪 90 年代的修复中发现雕像和建筑立面的表层已存在许多年代久远的微型裂痕。加之经过空气中各种化学物质的影响，整个建筑的晶体表面都受到了损坏，一些 19 世纪的雕像不得不因此转移到别的地方去。

19 世纪犹太社会势力崛起，艺术作品中人像的衣袍多采用《圣经·旧约》中人物身上奢华的宗教衣服样式。

大理石
高 100cm

洛特·托雷利

《夏娃》1884—1885

洛特·托雷利的这尊雕像是新立面最后完成的雕像之一，到1886年4月立面的装饰部分最终完成。该部分的设计既具有宗教意义——有罪的夏娃正好与纯洁无瑕的圣母玛利亚形成对比，也具有国家意义——这个立面是由萨沃依家族出资和意大利市民共同募捐而成的。佛罗伦萨作为意大利王国的第一个首都，依然具有精神意义上的首都地位，圣母百花大教堂也因此成为"国家级的神殿"。新立面的上半部分实际上赞美的是意大利诗人、艺术家、哲学家与科学家，而三个尖顶（如果不是后来改动只剩一个的话）代表的是中世纪意大利天主教的建筑、诗歌与音乐。哲学家奥古斯托·孔蒂是一系列新式学院风格情感杂文集的作者，著有《真实的美丽》(1872年)、《真实的美德》(1873年）和《万物的和谐》(1878年)，他曾说过这样的话："圣母玛利亚是上帝肉身的母亲，也与《旧约》《新约》和耶稣纪元中的救世主不可分割；因此，在她的启示下才有了预言家、普世教会、圣公会、教皇、教父、圣师和圣人、科学、艺术、行业、仁爱、家族与祖国之爱，也才有了这个教堂。"

佛罗伦萨圣母百花大教堂博物馆　参观指南

圣母百花大教堂博物馆

地址：圣母百花大教堂广场 9 号，50122

垂询方式

电话：+39 055 23 02 885

传真：+39 055 23 02 898

邮箱：opera@operaduomo.firenze.it

网站：www.operaduomo.firenze.it

开放时间

周一至周六 09 : 00—19 : 30

周日 09 : 00—13 : 40

每逢 1 月 6 日、11 月 1 日、12 月 8 日、12 月 26 日 09 : 00—13 : 40

闭馆日

1 月 1 日、复活节、9 月 8 日、12 月 25 日

交通信息

可以从 Santa Maria Novella 中心火车站步行到达，周边有收费停车场。

导览服务

提前电话预约，可为团体和个人提供导游服务。在三层有专为视觉障碍者设置的大厅。

其他设施

语音导游

书店

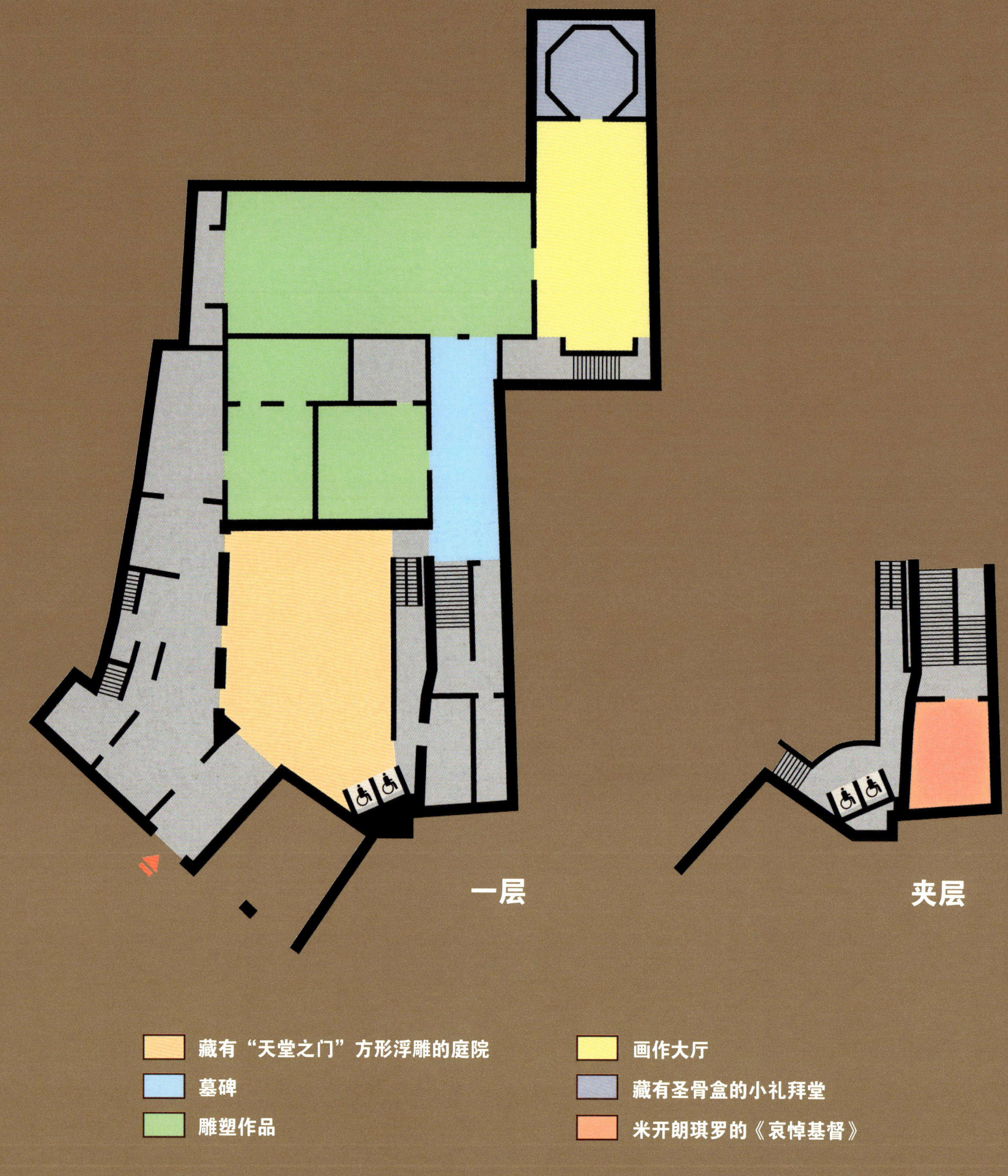

藏有“天堂之门”方形浮雕的庭院

墓碑

雕塑作品

画作大厅

藏有圣骨盒的小礼拜堂

米开朗琪罗的《哀悼基督》

二层
唱诗台大厅
银色圣坛大厅
钟楼方形浮雕大厅
布鲁内莱斯基建筑工地
木制模型
19世纪教堂立面

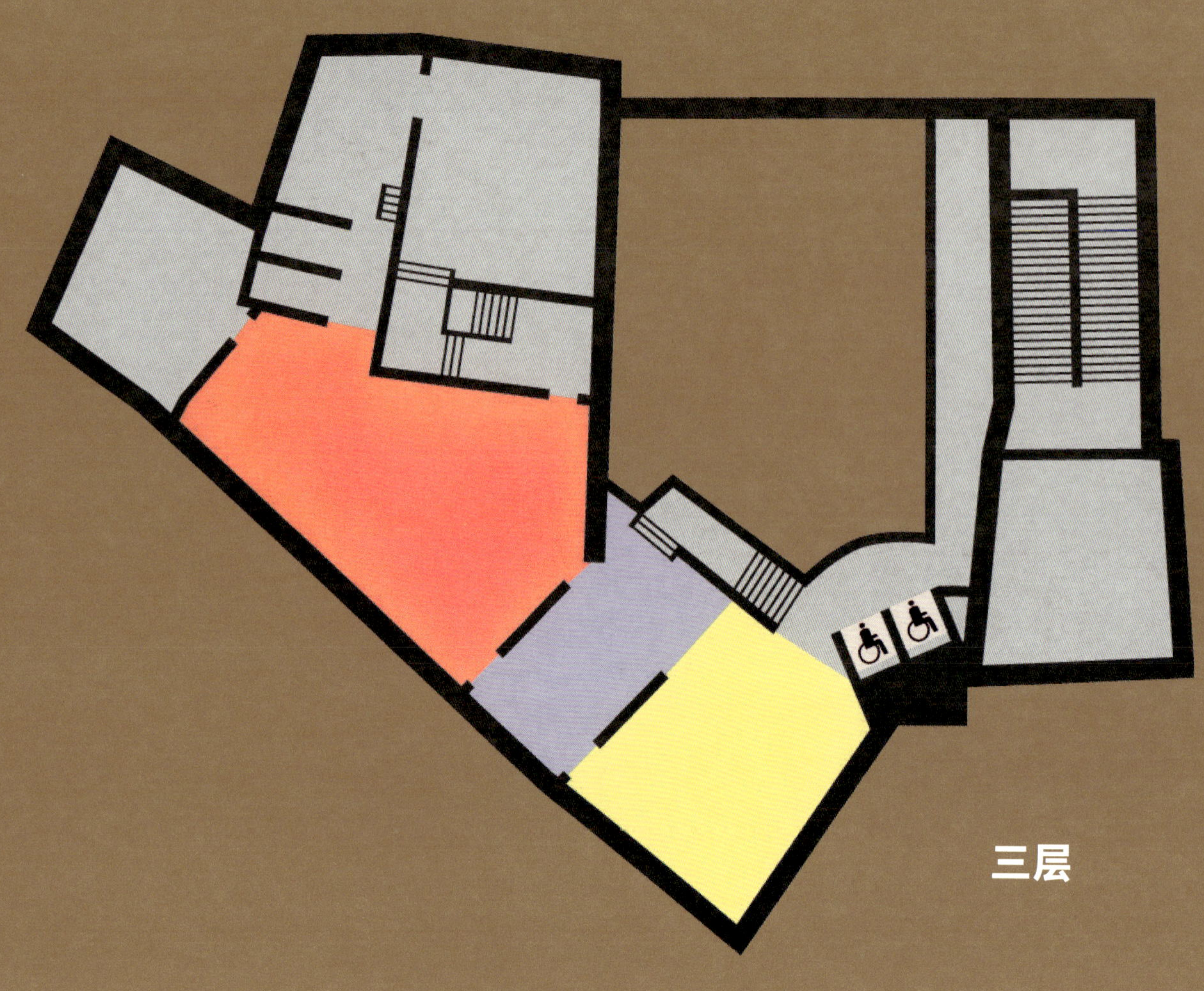

视觉障碍者大厅

卡斯特迪桑格罗的方形浮雕大厅

19世纪教堂立面

艺术家和作品索引

图书在版编目（CIP）数据

佛罗伦萨圣母百花大教堂博物馆 /（意）弗登编著；郑昕译. —南京：译林出版社，2018.3
（伟大的博物馆）
ISBN 978-7-5447-5878-9

Ⅰ.①佛… Ⅱ.①弗… ②郑… Ⅲ.①博物馆－介绍－佛罗伦萨 Ⅳ.①G269.546

中国版本图书馆CIP数据核字（2015）第250525号

著作权合同登记号 图字：10-2013-594号

佛罗伦萨圣母百花大教堂博物馆 ［意大利］蒂莫西·弗登 / 编著 郑 昕 / 译

责任编辑 王振华
特约编辑 苑浩泰 肖 瑶
装帧设计 灵动视线
校 对 刘文硕
责任印制 贺 伟

出版发行 译林出版社
地 址 南京市湖南路 1 号 A 楼
邮 箱 yilin@yilin.com
网 址 www.yilin.com
市场热线 010-85376701
排 版 文明娟
印 刷 济南新先锋彩印有限公司
开 本 960 毫米 × 1270 毫米 1/12
印 张 14
版 次 2018 年 3 月第 1 版 2018 年 3 月第 1 次印刷
书 号 ISBN 978-7-5447-5878-9
定 价 368.00元

Photo Reference

Archivio fotografico del Museo
dell'Opera di Santa Maria del Fiore / Niccolò Orsi Battaglini